编委会

我们的大学

易佐永题

大学生文化素质发展日志年编（2020）

顾问◎屈哨兵　魏明海　主编◎吴开俊　副主编◎黄志凯

暨南大學出版社
JINAN UNIVERSITY PRESS

中国·广州

图书在版编目（CIP）数据

我们的大学：大学生文化素质发展日志年编．2020／吴开俊主编；黄志凯副主编．—广州：暨南大学出版社，2021.11
ISBN 978－7－5668－3257－3

Ⅰ.①我… Ⅱ.①吴…②黄… Ⅲ.①大学生—学生生活—广州市—2020 Ⅳ.①G645.5

中国版本图书馆CIP数据核字（2021）第211744号

我们的大学：大学生文化素质发展日志年编（2020）
WOMEN DE DAXUE：DAXUESHENG WENHUA SUZHI FAZHAN RIZHI NIANBIAN（2020）
主编：吴开俊　副主编：黄志凯

出 版 人：张晋升
策　　划：黄圣英
责任编辑：雷晓琪
责任校对：周海燕　孙劭贤
责任印制：周一丹　郑玉婷

出版发行：暨南大学出版社（510630）
电　　话：总编室（8620）85221601
　　　　　营销部（8620）85225284　85228291　85228292　85226712
传　　真：（8620）85221583（办公室）　85223774（营销部）
网　　址：http：//www.jnupress.com
排　　版：广州市天河星辰文化发展部照排中心
印　　刷：佛山市浩文彩色印刷有限公司
开　　本：787mm×960mm　1/16
印　　张：14.5
字　　数：256千
版　　次：2021年11月第1版
印　　次：2021年11月第1次
定　　价：58.00元

序

相信广大同学青年

时间过得真快，一晃，这是广州大学每年出版一本《我们的大学》的第十二个年头了。像广州大学这样，持之以恒坚持十数年，每年以大学生文化素质发展日志年编的方式来记录一所大学的学生的各种校园故事的做法，真还不多见。当时我作为分管学生思想政治工作的副校长能够促成此事，现在想来应该是为学生办了一件实事。十几年来，广州大学的同学一年又一年地在这所大学里演绎着各种各样的大学故事，一届又一届的学生离开这所大学走向更广阔的舞台。这本《我们的大学》或许只是他们在这所大学中生活学习成长的各种细节场景的记录，有的细节场景可能连当事者本人也不会在意，但是作为一所大学，我们却是有充分的理由，把同学每一年的表现尽量以保真的方式记录下来，这是大学应尽的一份责任。

这次展现在大家面前的《我们的大学：大学生文化素质发展日志年编（2020）》（以下简称《我们的大学（2020）》）与以往的日志年编相比显得有些特别。因为从整体内容上看，这本日志年编显得有些残缺，尤其是上半年几个月，只有寥寥数十则，与往年几乎每一天都有大学故事发生的热闹校园景象比较起来，实在是有着巨大的差别。之所以这样，原因非常简单，那就是我们这个国家在2020年的春节，开始了一场与新型冠状病毒肺炎疫情较量的持久战，这场战役到现在都还没有结束。当同学们在2020年春节前带着一个学期满满的收获返乡，准备在春节之后再回到学校的时候，没想到这场突如其来的疫情让全国上下每个家庭都需要居家封足，广州大学的大学故事也就只能延期展开了。但当代中国就是这样一个伟大的国度，能够在这样严峻的疫情面前，在党中央的号令下，全国步调一致抗击疫情。

大学故事或许可以迟到，但最终不会缺席；大学故事或许在校园里有种种留白，但我相信在同学们的家乡、家庭中，同样在顽强演绎。在不能回校的日子里，大家切身体验着全国人民在习近平总书记和党中央坚强领导下抗击疫情的全过程，上了一堂马克思主义行、中国共产党能、社会主义好的大课，同时也上了一堂爱国主义的大课。遗憾的是《我们的大学（2020）》没能把同学们在各自家乡中的学习、生活、成长以及体会全部记录下来。但我们相信，没有记录不等于没有存在，因为我们的青春和我们的时代是不会留白的。

但即使有留白，翻开这本《我们的大学（2020）》，仍然可以看出从二月份开始，疫情之中的广大同学没有缺席于时代，也没有缺席于大学。这里面，有居家健身的种种表现，有在各地参加志愿者活动的种种奉献，有线上第一课的思想指引，有主题班会青马班的读书隔空分享，到后来还有“云端”答辩的师生相见和“云端”毕业典礼的同学道别。这些篇目相对以往而言，当然谈不上丰富，但从另外一个角度来看，更显得弥足珍贵。下半年虽然仍在疫情之中，但随着同学们渐次返校，我们通过同学们的大学故事，看到了青春年少满血复活般的精彩演绎，这里面有老同学的各种获奖，有新生进校的各种新鲜，有线上线下的各种比赛。音乐常响，诵读常闻，运动常见，课堂常新。

这本《我们的大学（2020）》还增加了几个很重要的版块。一是专门进行了十佳学生的展示，纪澄等十位同学是广州大学优秀学生的代表；一是专门对十个优良学风标兵班进行了介绍，外国语学院英语172班等十个优良学风标兵班也是广州大学更多优良学风班级的缩影。还有两个版块也很有特色，一个是为获得国家奖学金的同学做了名录，他们每一个人身上都有着十分精彩的大学故事。另一个特别值得一提，那就是将2019—2020学年度广州大学的学年礼的评比结果载入《我们的大学（2020）》，因为这是一个集中展现大学故事的平台：这里面包括502个“德才兼备　家国情怀”先进集体和个人，9个“德才兼备　家国情怀”先进单位，10个“十大育人”先进单位，135个“体育发展”先进学院和个人，80个学生“艺术发展”先进学院和个人，246个学生“视野拓展”先进学院和个人，98个学生“能力发展”先进集体和个人，另外还有267间“文明标兵宿舍”和“文明宿舍”。学年礼是广州大学落实党的教育方针的一个工作创新，学年礼使得我们每个年级的所有同学在每一年有一次和学校荣誉评比隆重相遇的机会。通过这个机会得以让全体同学及时检视过去一年在既定的人才培养目标方面有哪些长进，思考未来的日子还需要在哪些方面继续努力。这些都会成为大学故事中最好的素材。

如果要说有什么建议的话，我在这里也有一条，就是今后我们在记录我们的大学故事的时候，在一些具体场景，我们应该尽量多地让我们的同学能够留下姓名。这样在若干年后，当他们成为广州大学的校友，不管在任何场合翻开这本《我们的大学（2020）》，都能更加清晰地看到自己的大学身影，看到自己火热和奔腾奋进的青春。

从第一本《我们的大学》开始形成的惯例，都是由分管学生思想政治工作的校领导担任这本大学生文化素质发展日志年编的主编，先后有陈爽副校长、张强副书记、吴开俊副校长，他们每一位对这件工作都十分上心；担任副主编的通常都是学生处（学生工作部）的处（部）长，先后是饶东方、郑美玲、黄志凯几位同志，还有学工部相关同志和各个学院的副书记担任编委，他们中的每一位都为本日志年编做了大量具体而微细但不可或缺的工作。总体看来，《我们的大学》是一个运行得不错的机制，相信接下来会运行得更好，也会更加完善、更加出色。

我还想说的是，这本《我们的大学（2020）》终归是要送给同学们的。这是一本在中国共产党成立100周年之际和广大同学见面的大学故事，在我党开启第二个百年新征程上形成这本《我们的大学（2020）》应该有一种特别的意义。广大同学是这本学生版的《我们的大学（2020）》最重要的读者，到21世纪中叶中华人民共和国成立一百周年的时候，我们今天还在学校的同学将会成为我国建成中国特色社会主义现代化强国和中华民族走向伟大复兴的见证者，更重要的是我们有更多同学会成为建设者和接班人。所以，最后我特别要用习近平总书记在庆祝中国共产党成立100周年大会上对广大青年的寄语来作为这则序言的结束：未来属于青年，希望寄予青年。一百年前，一群青年高举马克思主义思想火炬，在风雨如晦的中国苦苦探寻民族复兴的前途。一百年来，在中国共产党的旗帜下，一代代中国青年把青春奋斗融入党和人民事业，成为实现中华民族伟大复兴的先锋力量。新时代的中国青年要以实现中华民族伟大复兴为己任，增强做中国人的志气、骨气、底气，不负时代，不负韶华，不负党和人民的殷切期望。

我相信现在广州大学的同学每年都有不负韶华的大学故事，更相信未来广州大学的同学更有不负时代的奋进担当。

是为序。

屈哨兵

2021年9月2日

精彩导读

七月

八月

九月

十月

十一月

十二月

我们的大学

January 一月

1月1日　外国语学院女子垒球队与华盛顿文化交流中心高中女子垒球队开展体育文化交流

1月1日下午，广州大学外国语学院女子垒球队与美国华盛顿文化交流中心高中女子垒球队在广州市白云区青少年业余体育学校开展体育文化交流。热身活动后，双方就“握、发、传、抛、接”等垒球动作进行了专项交流。交流活动结束后，双方互相赠送交流纪念品。这不仅是彼此美好记忆的印证，更是真挚的跨国友谊的开始。

2020年11—12月，外国语学院女子垒球队训练进入常态化，19名队员在广州大学棒垒球协会的指导与协助下，围绕垒球比赛现场分布理论学习、双人对练投高飞球、集体模拟垒球赛等内容，在大学城北区田径场组织开展多次训练。垒球作为国际性体育运动项目，有助于增强学生的体育素质，拓宽学生的国际视野。

（外国语学院　学工办）

双方队员交流“滚地球”经验

1月12日　音乐舞蹈学院黄碧慧分享大学生田径锦标赛女子三级跳远夺冠心得

音乐舞蹈学院黄碧慧同学在2019年广东省大学生田径锦标赛中荣获女子甲组三级跳远冠军。在赛场上，她表现突出，以第一名的好成绩为广州大学争得荣誉，也充分展现了音乐舞蹈学院学生“爱体育，懂艺术”的青春风采。

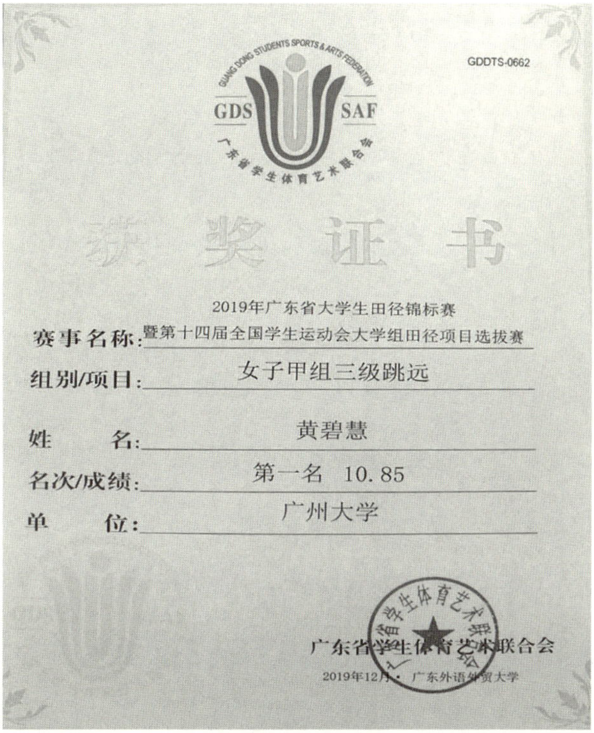
GUANG DONG STUDENTS SPORTS & ARTS FEDERATION
GDS SAF
广东省学生体育艺术联合会
GDDTS-0662
获奖证书
赛事名称：2019年广东省大学生田径锦标赛暨第十四届全国学生运动会大学组田径项目选拔赛
组别/项目：女子甲组三级跳远
姓　　名：黄碧慧
名次/成绩：第一名　10.85
单　　位：广州大学
广东省学生体育艺术联合会
2019年12月・广东外语外贸大学

黄碧慧同学获奖证书

1月12日，黄碧慧同学向同学们分享比赛经历以及夺冠心得。黄碧慧同学首先对吴家琳教练的指导表示感谢。同时，她认为这次比赛的成绩离不开每天刻苦的训练、永不放弃的团队精神以及队员之间的相互鼓励与关怀。她也从本次比赛中收获了难能可贵的团结精神和团队友谊。黄碧慧同学鼓励同学们积极投身到体育运动中，在运动会挥洒青春的汗水，收获青春的友谊。

青春的脚步，青春的速度，体现了青春的活力与激情，这些在黄碧慧同学的身上可以充分体现出来。希望每一名学生都能在运动中挥洒汗水，做一个真正“爱体育，懂艺术”的广大人，在运动中收获青春的愉悦。

（音乐舞蹈学院　学工办）

我们的大学

February 二月

2月12日　体育学院居家防疫，宅家健身

漫长的春节长假即将过去，新型冠状病毒肺炎疫情牵动无数人的心，广州大学学子虽尽量不出门，但也坚持进行居家锻炼。2月12日，广州大学体育学院研究生徐子奇、蒋曾珍、李晓君，广州大学体育学院本科生洪雅佳、张淑怡，以及广州大学本科生梁民峰为广州大学学子示范如何利用生活用品宅家锻炼，共同打好防疫攻坚战！

在这几位同学的示范下，广大学子学了全民健身操、舞蹈操、足球操、啦啦操等适合居家锻炼的运动。这些运动对空间范围要求不大，难度不高，比较适合全家大小共同运动。强度可以根据练习者自身的身体状况而定，节奏可快可慢，动作简单，容易掌握。在闲暇时跟着视频动起来，练习者不仅能增强体质，提高身体免疫力，还可以轻松掌握一些简单的技能动作。

运动时，着装要舒适，以运动装为佳。热身运动不可少，尤其是在冬季，身体筋骨相对僵硬，如果热身不到位，在运动中容易受伤。早上刚醒来不宜剧烈运动，切忌剧烈运动后立即喝水，这会导致循环系统紊乱。

疫情防控期间，广大学子要做到不出门、勤洗手、多锻炼，从自身做起，一起为中国加油！即使不出门，也要坚持每天锻炼，持之以恒，每次锻炼时间不少于40分钟。

现阶段疫情还未全面消退，防疫之心不可无，同学们在室外运动时要记住戴好口罩，尽可能不去中高风险地区，做好防疫工作，风雨同舟，全民战“疫”！

（体育学院　朱颖琦）

2月16日　原工商管理学院推出《将破晓》抗疫MV

2月16日，原工商管理学院首发《将破晓》抗疫MV，歌曲改编自五月天的《倔强》，由邓标作词，赵倩莹、黄嘉敏、陈奕轩、王雅婷、黄靖德、王宇鹏、黄思镁、莫晓彤、苏子淇、梁嘉蕴、钟妍妍、陈俊雄、林颖、陈永仪、孙煦昊等演唱，唐裕杰、邓景丽等完成MV的制作。

当前疫情仍在蔓延，防控正处于关键时期。在这场全民参与的疫情防控攻坚战中，原工商管理学院团委、学生会积极响应号召，众志成城，抗击疫情。

虽然现在大家无法面对面、手拉手，但新媒体技术的应用让同学们心连心、肩并肩，以别样的方式，传递大家抗击疫情的决心和对同胞的关心、关爱。同学们在积极配合政府和学校做好防疫工作的基础上，在树立起战胜疫情信心的同时，也担起了自己作为一名大学生应负的责任。

MV 内容展现在疫情防控期虽然存在许多困难，但同样也有许多温暖存在，中华儿女保家护国，广大学子在疫情面前也充满力量，大家终究会见到曙光，战胜疫情不是空想。

“疫情之下，青春炽热在奔腾，赤子之心在跳动，感恩之情在传递”，许多同学因此受到鼓舞，音乐的力量、爱的力量让同学们相信大家一定能打赢这场战役。

（管理学院　新媒体宣传中心）

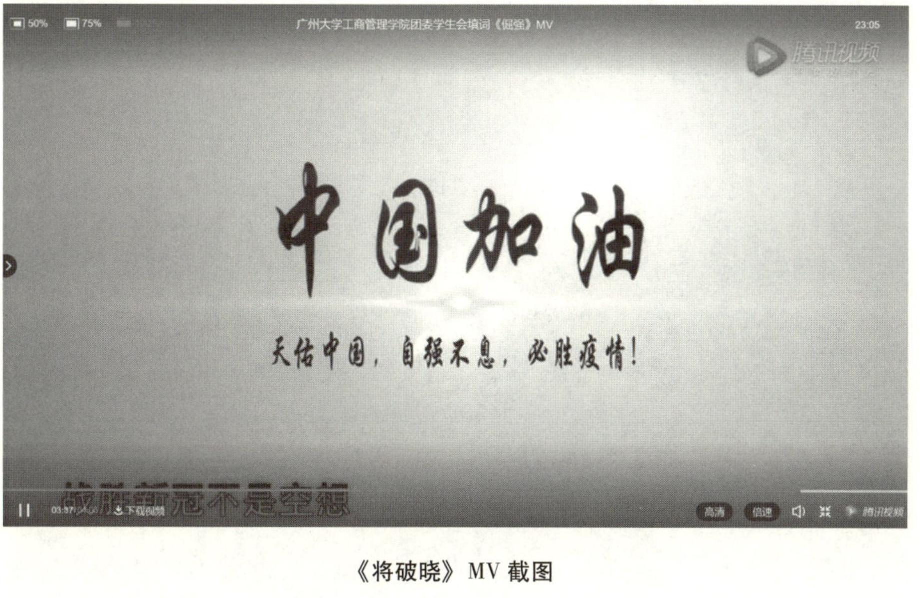

《将破晓》MV 截图

2 月 22 日　法学院 176 班王雨川参加上坪镇管辖区 G236 线的防疫检疫志愿服务活动

2 月 22 日，法学院 176 班的团支书王雨川同学作为一名大学生入党积极分子，积极向优秀党员同志学习，主动申请参加上坪镇的防疫检疫志愿服务工作，在广东与江西交界的 G236 线和医护人员、警察同志、政府工作人员共同参与守卡、劝导、排查、管控等工作。

“青春因磨砺而出彩，人生因奋斗而升华”，身为大学生志愿者，身为新时代青年，王雨川同学用强烈的责任感，筑牢疫情防线，无惧无畏，不屈不挠，彰显着青春的力量。王雨川同学仅仅是新时代青年在抗疫中奋斗的一个缩影，全国有众多“90后”青年投身抗疫中。面对这次突如其来的疫情，他们团结一致、砥砺前行、不畏艰难、逆行向前，用自己的行动诠释了何谓奋勇争先。我们要向更多的优秀新时代青年学习，在实践中增长工作本领，不惧风雨、勇挑重担，让青春在党和人民最需要的地方绽放绚丽之花。

（法学院　刘乾）

王雨川同学在G236线进行防疫检疫志愿服务活动

2月27日　环境科学与工程学院防疫志愿者采访

面对突如其来的新冠肺炎疫情，环境科学与工程学院的学子们主动请缨，逆行在前。

环科191班的黄泽慧同学跟随两名村委会成员一起完成了交通卡点值守任务。主要工作是排查进出车辆，记录车主信息、行踪，劝返外来车辆，并在宣传栏上张贴宣传手册，对人流量较大的公共区域进行消毒。她说："相信人间没有永恒的夜晚，世间没有永恒的冬天，隆冬过后春天将会来临，温暖的日子并不遥远，相信一切都会慢慢好起来。"

环工192班的王磊、环工193班的邓梓毅等同学也都积极参与了防疫志愿活动，为防疫工作献出了自己的一份力量。

热心公益、服务社会是他们的初衷，真诚奉献、不辞辛劳是他们的行动，志愿者们用实际行动为打赢这场疫情防控攻坚战贡献力量，以青年力量展现最美青春风采。

（环境科学与工程学院　新闻网络宣传中心）

邓梓毅同学正在排查车辆

我们的大学

March　三月

3月2日 建筑与城市规划学院举办“‘画’说战‘疫’”主题活动

面对疫情汹汹、病毒肆虐，千千万万个平凡的人挺身而出，用不平凡的付出传递希望，汇集起疫情防控攻坚战的磅礴力量，点亮了战胜疫情的希望之光。而我们应该对这座城市中每个奋力和疫情搏斗的人致敬！

3月2日，建筑学院学生党支部推出“‘画’说战‘疫’”主题活动，征集优秀绘画作品。该活动鼓励大家用作品表达心意，用绘画抒发情感，同时表达对抗疫英雄的敬意。活动发布后，各年级的同学们积极参与，创作了形式多样的抗疫作品。

在评委们精心挑选后，活动共收录近50件优秀作品，同时利用微信平台进行展示，取得良好成效。作品勾勒出抗疫英雄的模样，用缤纷色彩赋予抗疫希望，每一件作品都是同学们的真挚诉说和无限感动。我们共同战斗，我们从不退缩，这里深藏的是每位中国人心中对祖国、对同胞深深的爱。这份爱，爱得深沉！

（建筑与城市规划学院　林舒莹）

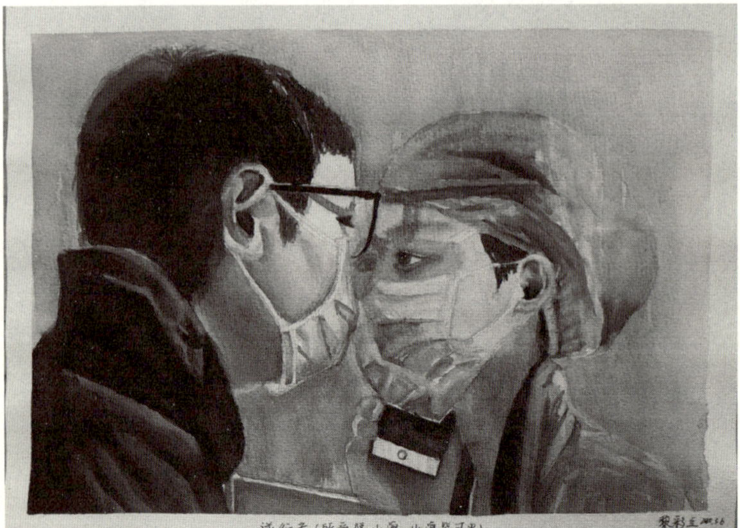

《逆行者（所爱隔山海，山海皆可平）》（城规182　黎彩兰）

3月3日　马克思主义学院传爱千万种，皆系一线城

2020年开始之际，马克思主义学院的学子们积极响应学校“共同抗疫，助力武汉”活动的号召，用自身独特的方式表达对“英雄们”的尊敬之情和对武汉人民的关怀。

18级苏巴娜·艾尔肯、乔源同学和19级陈垠熙同学用志愿服务传递爱，积极投身到家乡的战“疫”行动中，积极宣传防疫知识、协助社区工作人员进行人员排查和登记等工作。17级吴丹婷同学通过艺术传递爱，赋予艺术“人民生命”的力量，在新年之际，创作出“武汉加油”的窗花剪纸，小小的一片窗花，表达了自己对武汉的浓浓的关怀之情。18级陈漫玲同学赋诗一首——《战必胜》，诗中字里行间皆是对疫情之战必胜的信心。卢泳潼、翟新元等23位同学制作了一个手语祝福视频助力武汉，希望通过这种方式为武汉加油，期盼大家能众志成城、共克时艰。

疫情肆意，唯有全国团结一心方能取胜。马克思主义学院的学子们始终坚信，我们作为中华儿女，作为亿万中国人民中最青春蓬勃的力量，应该具备担当感和责任感。武汉一线的“战士们”为人民健康付出了许多，青年学子们也应当尽己所能贡献一份力量，多一份爱便多一份希望。爱的表达有很多种，我们坚信，所有传递的爱皆是为了那座城。所有人，永远与武汉同在！

（马克思主义学院　学工办）

陈垠熙同学投身抗疫志愿活动

3月3日　音乐舞蹈学院疫情中开展线上第一课

3月3—4日，音乐舞蹈学院通过企业微信视频会议的“云”方式积极组织开展各班级“开学第一课”主题教育班会活动。参加主题班会的除了各班班主任和全体同学之外，还特别邀请了副校长郭兴蓬、学院党委书记李颂东。主题班会包括开学第一课、疫情防控思想指引、线上学习具体要求以及注册报到等内容。

开学第一课

各年级同学围绕该主题开展了班会。对于16级的同学们，班主任除了了解他们的身体状况以及讲解如何做好防护处理外，更多的是了解同学们毕业后的规划、毕业论文完成情况，以及进行就业指导与解答相关毕业问题。在17级的班会上，班主任主要了解同学们的生活学习现状，并提醒同学们在思想上重视疫情，以端正态度迎接网课，引导学生们不信谣、不传谣。在18级的班会上，班主任着重强调“传达防疫精神，学习防护知识”的重要性，落实网课学习软件的畅通连线以及具体使用方法，各班的同学也在会议上提出个人对抗疫情所采取的措施。在19级班会上，班主任提出：“作为有责任感的青年，要保护自己，不提前返校，不外出，不聚会，不给国家添乱，并且要服从学校的工作安排。”

各个年级的同学通过这次主题班会，既明白了学习与努力的方向，也更认识到当今学子的社会责任与社会义务，以一种别样的方式开启新学期的学习与生活。

（音乐舞蹈学院　学工办）

3月10日　广州大学“知行”青马班举行《中国共产党的七十年》读书分享会

3月10日下午，“知行”青马班举行了《中国共产党的七十年》读书分享会，广州大学团委书记林焕清，物理与电子工程学院党委副书记李燕冰、团委书记王志杰、团委副书记黄毓婵和“知行”青马班全体学员共同参加会议。

同学们在“知行”青马班《中国共产党的七十年》读书分享会上认真分享

分享会前，“知行”青马班学员以小组为单位围绕《中国共产党的七十年》进行阅读，并在组内开展讨论。会上，各小组代表汇报了小组的读书情况，分享了阅读的体会和感受。“知行”青马班学员何丞颉同学表示：“《中国共产党的七十年》带我们走进中国共产党从无到有，从弱小到壮大，从热血建党到武装割据，从抗日到中华人民共和国成立，再到执政为民的波澜壮阔的历史。不管什么困难和挫折，都阻挡不了中国共产党前进的步伐，而且把党锻炼得更加坚强，更加成熟。在中国共产党的领导下，我们必将建设出更强大的中国！”

最后，林焕清书记进行了总结。林书记指出，对“知行”青马班的学员而言，核心是逐渐掌握马克思主义的立场、观点、方法。“知行”青马班的同学要做到真学、真信、真做，既是学习者，又是践行者，更是宣传者，这便是举办“知行”青马班的重要意义。林书记勉励“知行”青马班的学员，个人前途和民族的发展命运相结合是最有价值的，希望同学们能重新审视所学的专业在社会上的价值和意义；重新审视自己的人生规划是否与实现人生价值相结合；重新审视价值观中是否具有持久的工匠精神，做好我们应有的坚守。同学们也纷纷表示必将努力学习，将知识与实际相结合，为祖国的繁荣昌盛而努力奋斗。

（物理与材料科学学院　学工办）

3月10日　卫斯理安学院学生通过云志愿服务助力疫情防控

卫斯理安学院2017级本科学生在疫情防控初、中期通过线上志愿服务活动助力疫情防控。应用心理学专业的王安琪、谢仆姗同学参加了线上心理援助活动；经济学专业的张健美同学参与了陪伴防疫人员的孩子阅读的志愿活动。

应用心理学专业的余蔓铧同学参与了“安心行动”线上心理援助热线活动和助力培养山区孩子们的阅读习惯的“云支教”志愿活动。“安心行动”为市民和医护工作者提供心理支持，余蔓铧同学在值班的5个小时中接听了2个50分钟的电话；在参与“云支教”志愿活动时，她以一种全新的方式助力培养山区孩子们的阅读习惯。活动结束后，她感叹说：“在这次疫情中，我们发掘了前所未有的与山区小朋友之间交流的纽带，这也是我们国家蓬勃发展的先进科技所带来的新福利。”

谢仆姗同学加入了心理热线活动。她回顾该项活动时谈道：“我有幸利用自己所学的专业，为在本次疫情心理受到伤害的人提供心理疏导。这虽然是一件很小的事情，但我很欣慰。”王安琪同学也参加了线上心理志愿者工作，她说：“通过多次心理志愿者的督导活动，我学到了如何与来访者进行沟通，学到了如何对问题进行概念化，也增强了自己对本专业的信心！”

张健美同学参与了陪伴防疫人员的孩子阅读的志愿活动，她认为通过云家访与防疫人员的小朋友们畅聊逸事，可以暂时代替防疫人员，为他们的孩子带来陪伴以及更多的知识阅历。

（卫斯理安学院　学工办）

3月19日　化学化工学院师生“云端”相约，开启本科毕业论文答辩新模式

为应对今年疫情新情况，化学化工学院首次借助“云端”技术，采用腾讯会议、企业微信等软件开展本科毕业论文线上答辩。目前2016级化学、化学工程与工艺，以及食品科学与工程三个专业共计216名本科生参加了毕业云答辩。

为确保毕业生论文线上答辩质量，学院成立以董文院长为组长的毕业论文答辩工作小组，制定了详细的线上答辩流程和要求。每位参加答辩的同学，就毕业论文的意义、研究内容、研究方案等内容，提前录制8～10分钟的毕业论

文答辩视频，并且提供可以联系的手机号码，作为网络卡顿时云答辩的备选方案。同时每个答辩小组安排 2 名答辩秘书，正式答辩前进行硬件设备和软件测试，模拟整个答辩流程。

答辩过程中，同学们逐一汇报了毕业论文（设计）的内容，答辩老师及时指出毕业论文中出现的问题，同时对毕业论文的研究内容、论文结构等提出了指导意见和修改建议，答辩秘书做好了记录、截屏、录屏和网上技术服务等工作，保证了线上与线下答辩同质同效。毕业生们纷纷表示，网上答辩形式新颖，答辩过程紧张又新鲜，虽然和答辩老师不能面对面沟通，但是仍然能够得到老师耐心的指导，收获满满。

在同学和老师的共同努力下，化学化工学院毕业论文云答辩圆满完成。这次云答辩完成了毕业生按时毕业的任务，也是教育教学和管理工作一次有益探索与创新！

（化学化工学院　教务办）

老师、同学线上答辩

3 月 20 日　地理科学与遥感学院学子青春战“疫”，彰显时代担当

3 月，阳光明媚，春风轻拂，恰是春暖花开之际。在深圳市宝安区，有一个忙碌而暖心的身影出现在沙井街道共和社区里。她，便是地理科学与遥感学院 19 级学生邝育玲同学。

这些天，在社区里她说得最多的便是：“这一块就是圆通的，可以问一下你的取件码或者地址吗？请在这里签上你的名字和电话。”“您好，请量一下体温，请问一下你是刚返回深圳的吗？登记了吗？麻烦请到这边来登记一下。”

“我得知沙井街道成立了青年突击队这支队伍，马上就报名了，以学生的身份加入，成为其中的一分子。”邝育玲一边整理快递，一边向采访她的记者介绍道。从她干练的动作可以看出她在岗位上已经服务多日，而自带的学生气则流露出几分稚嫩。18 岁的邝育玲是广州大学大一学生，早在新安中学上高一期间便加入了义工队伍，义工服务时数已经超过 100 小时。

邝育玲是地理科学与遥感学院学子积极奋战抗疫一线的缩影。还有许许多多的广州大学地科学子积极响应志愿服务的号召，他们走进社区，走上路口，走入大街小巷，在不同的志愿岗位上传递自己的力量。在疫情面前，他们都是勇于担当的志愿战士，为构筑联防联控的人民防线贡献出自己的青春力量，彰显着新时代大学生的精神面貌和责任担当。

（地理科学与遥感学院　武国松）

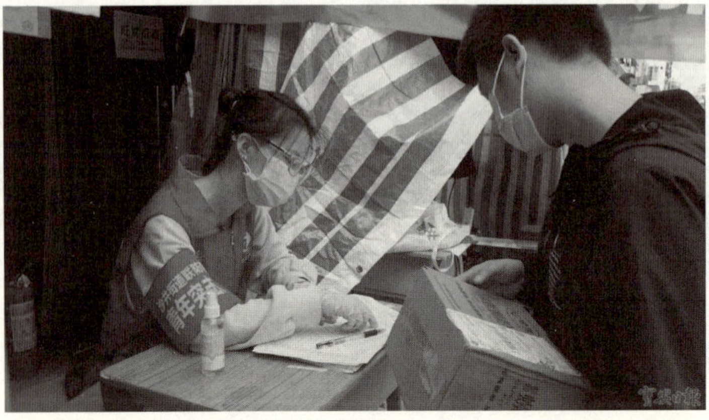

邝育玲同学正在进行志愿服务

3 月 24 日　物理与电子工程学院认真学习习近平总书记给北京大学援鄂医疗队全体“90 后”党员的回信，共话青春担当

为深入学习习近平总书记给北京大学援鄂医疗队全体“90 后”党员回信精神，培养大学生的价值观和责任担当，物理与电子工程学院于 3 月 24 日下午开展线上主题班会，学习习近平总书记给北京大学援鄂医疗队全体“90 后”党员的回信。

为使本次主题班会学习更有成效，第一班主任、班主任、支部对接党员纷纷带领同学们一起学习习近平总书记给北京大学援鄂医疗全体“90 后”党员的回信，相互交流学习心得。各班还利用网上资源，积极拓展学习内容，共同探讨身为大学生的我们应如何从自身做起，展示新时代中国青年的良好风貌。

物理 192 班第一班主任王锋教授在班会上教诲同学们：“人生最黄金的年龄便是 18 ~ 35 岁，现在我们已经进入了人生最黄金的阶段，在关键时刻同学们怎样冲得上去，核心在于你的能力怎么样。所以，希望大家多一点思考，思考自己在青春年少时为国家做了什么事，做到志向高远，心存远方，要有极高的民族责任感。”

物理 192 班开展线上主题班会学习

通过本次学习，同学们更加明确作为新时代青年的责任与担当。物理192班李卓霖同学表示，他从“90后”援鄂党员中学到的是青年人的勇气与担当。虽不能延长青春的长度，却可以增加厚度，到党和人民最需要的地方去，这是青春该有的模样，这也是最有意义的事业。

本次主题班会是一次很好的理想信念教育，同学们与老师共同学习，共同交流，更深刻地体会到“少年强则国强”的意义，感悟到只有把个人理想和国家民族的命运紧密相结合，到党和人民最需要的地方去，才能实现人生价值，无愧青春！

（物理与电子工程学院　学工办）

3月26日　生命科学学院师生积极参与防控和帮扶工作

自疫情防控工作开展以来，生命科学学院党委落实好主体责任，学院班子成员明确岗位，守土有责，把疫情防控作为当前的重大政治任务，团结带领学院各党支部、各级干部、全体师生坚定不移把中央、省、市和学校的决策部署落到实处，做好重点人群的跟进和关爱工作，确保防控工作和学院日常事务工作安全有序开展。

全院师生积极参与志愿服务活动，其中党员在多项疫情防控的具体事务中守初心、担使命，以实际行动让党旗在防控一线高高飘扬。50名师生党员直接参与对接全体班级，广泛开展防控指引、在线教学、关心关爱；108名师生党员自愿捐款12 464．65元，为疫情奉献自己的爱心；22名师生（其中党员11人）参与了社区志愿服务活动，其中生科182班陈一飞和生工182班李东澳两名同学参加社区疫情防控志愿服务活动，他们的志愿服务分别受到服务主管单位的表扬；教师董志诚、吕天晓主动报名参加无偿献血，积极参与为疫情救助献爱心活动；生物技术专业171班学生朱彦安主创了一首为武汉加油的歌曲《融》，由他担任负责人与学生歌唱乐队、来自校内不同学院的22名同学一同录制的MV在校内不同的平台传播，以他们擅长的方式展示青春正能量！

师生们通过积极参与各种防控和帮扶志愿活动，在疫情防控中充分展现了真情，体现了担当！

（生命科学学院　学工办）

我们的大学

April 四月

4月2日　音乐舞蹈学院本科生党支部举行“‘学习强国’随身行”学习分享会

为再次积极推广“学习强国”学习平台，2020年3月31日，音乐舞蹈学院本科生党支部开展了“‘学习强国’随身行”学习分享会。通过分享学习心得、板块推荐等方式达到更会学、更懂学、更爱学的效果，给党员同志搭建一个氛围更浓厚的学习交流平台。

此次会议由本科生党支部书记李姝萱老师主持，特别邀请了学院党总支部李颂东书记、周云副书记与全体27名本科生党员同学一同分享学习。李颂东书记根据自身体会总结了“学习强国”App的五个好处，一是可以养成坚持学习的良好习惯；二是拓宽了知识面，提高了人文素养；三是丰富了业余文化生活；四是增强了党性修养，提高了政治站位；五是将学习的理论、政策指导实际工作，达到了学以致用的效果。每一名学生党员都做了有趣的分享，谭琳琳与陈倚晴同学表示最爱“挑战答题”环节；钟泳彤同学分享了如何和妹妹一起在“学习强国”学习幼儿防护知识，支部每位党员生动有趣的分享让在场的党员同志们迫不及待地想了解、学习更多“学习强国”的知识与内容。

此次分享让更多的同学了解、探索了新的学习内容与学习方式。青春有限，知识无价，学生党员应做新时代奔跑的追梦人，实现人生价值，并通过学习，争做建设强国的新时代新青年。

（音乐舞蹈学院　学工办）

音乐舞蹈学院本科生党支部“学习强国”分享会

4月3日　原工商管理学院举办毕业生线上心理与就业指导会

4月3日，原工商管理学院举办2020届毕业班心理与就业指导会。出席该会议的领导有原工商管理学院党委副书记甘健强老师、邹婷老师、孙碧菡老师、梁世健老师。他们分别从应对压力心法指导、情绪管理和迈尔斯—布里格斯类型指标（MBTI职业性格测试）、就业技巧等方面进行分享，并给原工商管理学院的毕业生们一些贴心指导，为他们当下面临的困惑解忧排难。

针对毕业生的心态和时间管理的问题，甘健强副书记提出了几点心法：一是应保持平常心，以平常心态面对多变的就业形势，把握时机；二是充分利用身边资源，多关注周围信息；三是应调整期望值，可考虑先就业，再择业，在工作过程中探索方向。

同学们认真听取邹婷老师和孙碧菡老师的分享，表示收获满满，认为这次指导会对他们接下来找工作和调整就业的心态有着重要作用，让他们明晰了自己就业的方向，增强了就业的信心。

本次会议旨在为2020届毕业生的就业道路排忧解难和对当下疫情影响的焦虑心理进行排解，为毕业生提供更丰富的就业知识并指明就业方向。

（管理学院　新媒体宣传中心）

4月11日　生命科学学院多举措助推毕业生战“疫”中稳就业

生命科学学院贯彻落实学校关于新冠肺炎疫情防控期间做好毕业生就业的工作要求，提供“分类指导，精准帮扶，优质就业”的全方位就业指导服务，多举措全力助推232名2020届毕业生平稳顺利就业。

师生携手开好局

学院领导高度重视，精心部署，制订学院就业工作方案，统筹实行“四个一”工程。通过就业调研、专场招聘、咨询辅导、推荐就业等方式，为2020届毕业生顺利就业保驾护航。2020年2月底，生命科学学院的师生们主动对接并完成了学校招生就业处“疫情条件下2020届毕业生就业形势调查”线上调研工作。

点面结合细指引

点面结合是生命科学学院在疫情期间开展就业服务工作的一大特色：召开全体毕业生就业工作部署会；组织开展形式多样的主题班会；关心关注特殊群体；提供就业政策咨询与指引；做好考研复试学生的辅导；抓好网络舆论正面引导。

拓宽渠道稳推进

生命科学学院坚持线上线下相结合，拓宽毕业生就业渠道。一方面，依托学校就业信息网和“就业招聘一体化智慧平台”等，及时推送招聘信息，定期举办网上专场招聘会。另一方面，发布线上招聘会邀请函，调动专业教师、校友资源的力量，与用人单位主动对接。

随着疫情防控的日趋向好，生命科学学院将继续优化毕业生就业服务保障，进一步提高就业指导、服务水平，多举措助推毕业生在战“疫”中稳就业。

（生命科学学院　学工办）

4月12日　教育学院（师范学院）学生志愿者战“疫”进行时

4月12日，教育学院（师范学院）教育技术系动员全系师生加入“广州大学在线教学支持服务志愿者团队”，组织“在线教学设计与实施”咨询团队，进行专业培训，在群里答疑解惑。学生志愿者也以多样化的形式，参与到各项公益活动和志愿服务中，为抗击疫情奉献力量。

志愿服务活动中的广州大学学子

2019级教育技术学专业硕士徐凤婷担任高校在线课程团队网络论坛的管理员，作为志愿者为高校的老师提供咨询服务；小教 171 班黄金燕同学报名“携手以伴，援助湖北”公益项目；特教 191 班谭颖妍同学加入“抗击疫情残障支持网络”团队，为残障人士提供线上服务；教育技术 171 班梁心怡同学为医务人员子女提供线上课程辅导；应心 161 班邓嘉雯同学成为防疫工作外语（韩语）志愿者，为入境顺德的外来人士提供线上翻译服务。

此外，学院团委学生会微信公众号还专门发布了“疫控心理”特辑系列推文共 10 期，用心理学专业理论解读疫情期间的各类现实问题，为同学们舒缓情绪、调整状态、积极投入学习生活等给出建议。

（教育学院　学工办）

4 月 17 日　地科学子与身在美国、加拿大、香港的老师开展线上交流会

4 月 17 日，为坚定同学们战胜疫情的信心，地理科学与遥感学院院长吴志峰邀请在美国的柳林教授和朱远辉博士、加拿大的王瑞胜教授、香港的徐勇副教授与地科学子们进行一场线上视频交流会。到会的嘉宾还有欧亚科学院张新长院士、白鹤云飞副书记以及学院其他老师。

柳林教授运用地理知识分析了此次疫情对经济的影响，并介绍了地理学在疫情防控方面的作用。例如，掌握 GIS 等相关知识可以制作疫情的准实时分布地图，开发疫情扩散预测模型，回溯感染者的接触历史，便于民众了解疫情，并主动防控。

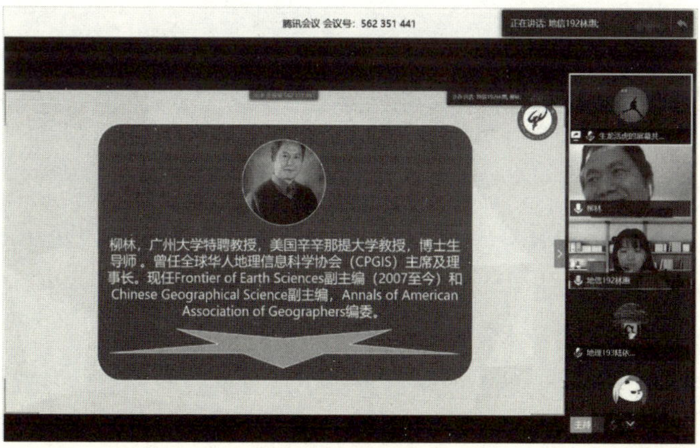

柳林教授简介

王瑞胜教授简介

徐勇副教授简介

身处加拿大的王瑞胜教授着重介绍了中美经济在当前“百年一见”的疫情下产生的变化，分析了在全球经济均受影响的时代背景下的产业升级与转型，比如劳动密集型向技术密集型的转化。

徐勇副教授言辞恳切地为同学们分享了自身抗疫的经验，并提出了现阶段存在的困难，让同学们深刻地认识到国家治理、公共卫生和民众素质都对疫情防控效果有重要影响。

朱远辉老师简介

朱远辉老师给同学们讲述了中国多个驻外使领馆给海外学子们派送防疫大礼包的事情，使海外学子们深深感受到了祖国的强大和关心，同时详细地分享了自己在美国的生活和学习情况，也建议大家保持锻炼，提高自身的免疫力。

随后，各位老师进行了一番激烈的讨论，碰撞出智慧的火花，让同学们仿佛置身于一场高峰学术论坛，感受到了学术的魅力以及教授们的平易近人。交流会结束后，同学们纷纷表示受益良多，能从不同的知识维度上更加深刻地了解疫情相关知识，感受到祖国的强大，荣誉之心与青年社会责任感油然而生，大家表示要为祖国的发展献出自己的一份力量。

（地理科学与遥感学院　陆依熳　翁晴　方雪如　李诺　朱家辉）

4月17日　第二十二届广州市青少年“壳牌美境行动”

为贯彻落实习近平总书记十九大报告中倡导的加快生态文明体制改革、推进绿色发展、建设美丽中国的战略部署，不断深化环保公众参与力度，提升大学生的环保意识，在壳牌（中国）有限公司的资助下，环境科学与工程学院作为主办单位开展了第二十二届广州市青少年“壳牌美境行动”项目。

本项目面向广州市各高校在校学生，要求同学们进行与环境保护相关的社会科学类调查或自然科学类实验研究，旨在使大学生在亲身参与活动的过程中更加深入了解环保知识，树立绿色文明意识和可持续发展意识，培养科学研究精神和创新能力。本次活动吸引了学生的广泛关注，同学们积极踊跃报名参加，最终共有八个项目从中脱颖而出，获得了项目实施的经费资助。

本次活动展现了当代青年的环保担当与青春风采，影响和带动着身边更多的同学积极参与到环保事业中来，壮大了校园环保工作力量。

（环境科学与工程学院　新闻网络宣传中心）

4月20日　土木工程学院举行“三行情书”征文活动

维斯冠说亲情是“父母与子女，是彼此赠予的礼物”。

王勃说友情是“海内存知己，天涯若比邻”。

情不知所起，一往而深。

4月20日，广州大学土木工程学院抓住4月份的尾巴，启动“三行情书”征文活动。同学们重拾文字的魅力，再一次体会了用简洁的语言承载无穷的寄思：“你的信写得太官方，都没有说想我”的含情脉脉、“山盟虽在，锦书难托”的唏嘘遗憾，重温了那种“点笔成墨、字字含情”的温馨心动。

沁人心脾的词句在心中流淌，饱含情感的文字在笔尖舞动，笔墨书香再一次在校园弥漫。

有歌颂祖国的：“爱你，你是繁荣富强的祖国，是平安盛世的堡垒，给予我们安稳的生活、美好的环境、深刻的教育……”

有思念家乡的：“爱你，你是心心念念的家乡，是记忆深处儿时回忆里童年的喜怒哀乐，是春夏秋冬的肆意奔跑，是回味无穷的街边小吃……”

有赞美感恩的：“爱你，你是含辛茹苦的爹娘，是替我遮风挡雨的翅膀，是给我温暖呵护的港湾，是教我做人的老师……”

“三行情书”用简洁凝练的语言表达同学们的各种心声，促进了同学之情的升华，引导同学们奋发团结向上。

5月30日，“三行情书”活动圆满结束。通过这次活动，同学们携手并进，以感情为纽带，共创前路！

（土木工程学院　何其燊）

“三行情书”征文活动优秀作品

4月22日　桂花岗小学线上普法活动成功举办

助人自助，乐人乐己。秉承雷锋精神的美德，青年志愿者在路上。

桂花岗小学普法活动由广州大学法学院团委实践部与桂花岗小学合作举办。在活动中，同学们的角色由在课堂上专心听讲的学生转变为向桂花岗小学小朋友传授知识的老师。在活动中，小朋友们收获了宝贵的知识，同学们也在实践中实现“教学相长”。因此，桂花岗小学普法活动在社会中有着良好的口碑。每次活动开展时，同学们都积极报名参加普法活动。

因为疫情的原因，参加本次活动的同学不能亲自到场开展面对面教学。但是在广州大学法学院团委和桂花岗小学的大力支持下，本次活动采取同学们在线上开展分组制作推送的方式进行。活动紧扣抗击疫情大环境，以“防疫有我，爱卫同行”为主题，一共有65组同学参加了本次活动。同学们发挥主观能动性，在推文中插入漫画、视频，向小朋友们介绍新冠肺炎疫情的概念与抗击疫情的方法。经过反复评审，优胜小组的推文在桂花岗小学公众号上发布，提升了广州大学的影响力。

桂花岗小学普法活动经过多年发展，品质不断提升。在今年新冠肺炎疫情的阻挠下，活动另辟蹊径，开创性地采用线上的模式，取得了良好的效果。相信未来的桂花岗小学普法活动将会成为体现广州大学学子志愿精神的一张亮丽的名片。

（法学院　戴德杰）

4 月 28 日　陈明光等 4 位同学获得广州大学第六届书画作品大赛专业组第一名

为进一步发挥校园文化活动的育人塑人功能，弘扬和传承中华民族优秀传统文化，增强校园文化活力，美术与设计学院积极落实学校“爱体育，懂艺术”的人才培养目标，于 2020 年 4 月 28 日举办以“逐梦圆小康，文体展风采”为主题的书画作品大赛，鼓励同学们为携手共逐中国梦的追梦人喝彩。此次书画作品大赛面向全校学生进行征稿，作品种类包含国画、油画、版画、水彩、设计等。

《少女是人间美好的馈赠》（陈明光）

陈明光（水彩组）、夏铠熙、王谦（版画水彩组）、余一峰（国画水彩组）4 位同学获得本次大赛专业组的第一名！

（美术与设计学院　学工办）

我们的大学

May 五月

5月2日　宅家打卡，运动人生

2020 年是极为不平凡的一年，受疫情影响，学生无法返校上课，只能在家中学习，但宅家也不能忘记运动。为提高大家的身体素质、丰富宅家生活，广州大学学生会举办了为期两个月的“广大疫情宅家运动挑战”，获得了良好的反响。

本次运动挑战是以线上打卡的方式进行的，需要参与者将自己每天运动的视频拍下并发送至微信朋友圈等社交媒体中，发送成功后将朋友圈等社交媒体的截图发送至打卡的微信群中作为挑战的证明。为了调动大家的参与热情，广州大学学生会也推出了加综测分、第二课堂分、抽奖等一系列福利。

对于熟练使用各大社交网站的青年群体来说，参与挑战的方式并不复杂，参与的挑战也并不难，难的是将它坚持下去。但或许是宅家太久，想念运动的日子，也或许是出于对体育活动的热爱，本次挑战吸引了一大批参与者。打开手机的录像功能，做微信群里指定的打卡动作，将视频发送至朋友圈，将截图发送至微信群，这四个步骤可谓是再熟悉不过了。但由于是第一次举办此类活动，也有一些不到位之处，如制定的打卡动作过于复杂、参与人数过多以至于有错漏等，但在同学们的共同努力之下，这一活动终究还是圆满落下帷幕。

“身体是革命的本钱”，这句话已是老生常谈，2020 年突如其来的新冠肺炎疫情更是印证了这句话，本次的运动挑战不仅践行了我校“爱体育”这一人才培养目标，更为同学们提高自身身体素质提供了一个良好的机会。

（法学院　罗紫怡）

参与打卡的同学正在运动

5 月 20 日　化学化工学院考研喜报——乘风破浪展雄才，折桂蟾宫当有时

2020 年全国硕士研究生招生录取工作接近尾声，化学化工学院 2020 届本科毕业生不负众望，再创考研佳绩：195 名本科毕业生中共 58 名同学被录取为硕士研究生，升学率达 29.74%。其中被中山大学、华南理工大学、厦门大学、华南师范大学等“985 工程”“211 工程”院校录取的，以及进入香港大学、香港科技大学、澳大利亚墨尔本大学等港澳及境外院校继续深造的毕业生共 17 人。化学化工学院始终坚持“以人为本”的教育理念，紧紧围绕学校“德才兼备、家国情怀、视野开阔，爱体育、懂艺术，能力发展性强”的人才培养目标，形成了以构建学业指导、就业指导、创新创业能力提升为主线的培养体系，真情助力学生成才。全面推行“凌云工程”和“英才化工拔尖创新人才实验班”政策，积极发挥科研导师和专任教师的指导与帮扶作用，实现全方位、全过程、全自主的科研引导与学习辅导。近年来，学院本科考研率持续稳步上升，2019 年化学化工学院本科毕业生考研升学率为 28.1%，位居全校第一。同时，学院还有众多毕业研究生进入南京大学、中山大学、华南理工大学、厦门大学、香港大学等知名学府继续攻读博士学位，彰显了学院在人才培养综合改革方面取得的丰硕成果。

（化学化工学院　学工办）

5 月 22 日　建筑与城市规划学院开展 18 级线上家校联系视频会议

5 月 22 日晚 7 点，作为“家校联系制度”的第一次试点工作，建筑与城市规划学院辅导员周世慧老师组织开展了 2018 级学生线上视频“家校联系会”，全体学生家长准时参加了会议。

视频会议由周世慧老师主讲，就四个方面与家长们进行交流：一是学院学生学习特点及 2018 级学生 2019 年整体学习情况；二是 2018 级学生本学期在家学习状况；三是学院学生心理特点、2018 级学生心理情况以及家长在家如何对学生进行积极的心理引导；四是家校联系制度介绍以及开展关于家校联系制度的调查。此次会议以学生学习和心理两方面为重点，除了向家长反馈学生学习情况，还着重对学院学生心理特点进行介绍，并指导家长在家对学生进行

积极的心理引导。

“家校联系制度”将成为建筑与城市规划学院持续开展的一项学生工作。通过问卷调查，学院了解到有近60%的学生回家基本不与家长进行关于在校学习、生活、交友方面的交流；94.12%的家长非常希望与老师进行交流；91.6%的家长希望通过微信平台进行交流；84.03%的家长想了解孩子在校心理健康方面的问题；78.15%的家长想了解孩子在校学习情况；等等。

在大学阶段，家校联系非常重要，但也区别于中小学的家校联系。大学生毕竟需要更强的自主学习和自主管理能力，因此学院对全体家长集中联系的频率一般为1年1～2次，联系的内容除了学生情况的反馈，更重要的还要了解学生在家情况以及对家长开展学生教育方面的指导和交流。通过家校合力，将广大的学生培养为身心健康的、有担当的、综合能力发展性强的青年人才。

（建筑与城市规划学院　学工办）

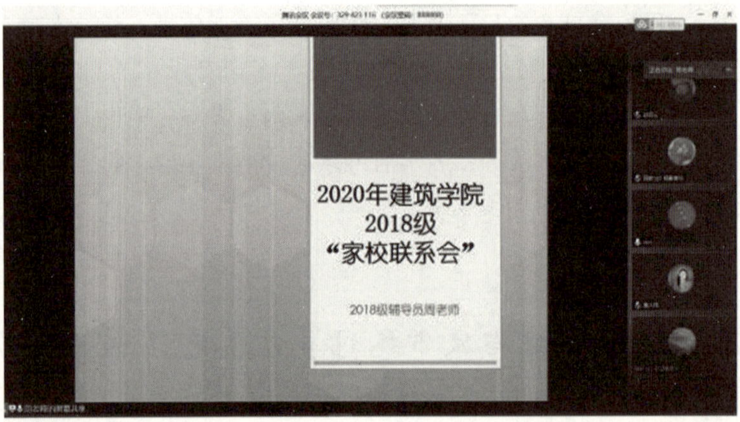

同学和家长积极参加线上家校联系会

5月24日　计算机科学与网络工程学院志愿者积极投身防疫工作

疫情防控工作中，志愿者们扮演着十分重要的角色。他们的身影出现在医院、隔离区、小区街道，他们辅佐着村里、社区的防疫监控工作。战“疫”行动中，广州大学计算机科学与网络工程学院的学子们也积极投身其中，并对此有着深切的体会。

软件工程 182 班谢治东说："我有幸在战'疫'后方成为一名社区志愿者参与这次的疫情防控工作。我的工作简单而不枯燥，面对的是一个个的未知。我跟随社区工作人员进行街道走访排查，确保社区人员可控并进行防疫知识宣传，在提高人们对疫情警惕的同时也以科学的态度传达正确的信息，做到不传谣、不信谣。我还在社区设置的防疫卡口进行出入人员的登记和体温检测。累计服务时长 84 小时。我知道对比起那些战斗在一线的广大医务人员，我的工作显得微不足道，但是在前方英勇作战的同时，后方强有力的保障也是不可缺少的。"

软件工程 182 班张宝宸说："一场突如其来的疫情将我阻隔在家中，当我看到了学校志愿者群里发出的'携手相伴，援助湖北'的公益项目时，果断地报名成为一名志愿者。去做学生与老师之间的第二沟通信息反馈渠道，每天也在群聊中进行学生学习打卡，公布疫情状况等工作。我从 2 月 14 日开始加入志愿工作，并且仍然在进行中，希望能贡献自己的一份力量。"

在这次战"疫"行动中，新一代青年成为主力，广州大学计算机学院的学生也积极响应号召，投身防疫工作。正如谢治东同学引用毛主席的一句诗："借问瘟君欲何往，纸船明烛照天烧！"同学们坚信，只要大家携手共进，终将全面摘下口罩，重展笑颜！

（计算机科学与网络工程学院　学工办）

计算机科学与网络工程学院学子参加防控疫情志愿活动

5 月 29 日　经济与统计学院举行“战‘疫’我们无所畏惧”心理情景剧大赛

金融 195 班学生制作作品《做出改变》的过程

2020 年春节，新冠肺炎疫情悄然而至，走访亲友、旅行度假等春节的标签在庚子鼠年的春节里都不见了，取而代之的是疫情与居家隔离。2020 年春季学期，同学们在居家学习中，迎来了“5·25 我爱我”全国大学生心理健康日，为配合全国心理健康日活动的开展，鼓励学生乐观面对疫情，提高学生心理协调能力，广州大学经济与统计学院“心苑”以线上评比的形式，开展了主题为“战‘疫’我们无所畏惧”的心理情景剧大赛，大家纷纷投入到充满激情的创作之中。

5 月 29 日，“战‘疫’我们无所畏惧”心理情景剧大赛拉开帷幕，共计 12 支队伍参与本次大赛。同学们通过多媒体软件将脑海中的故事变为一帧帧精彩画面，展现了青年学生面对举国战“疫”时的决心与毅力。大赛通过公众号平台线上投票和评委评分的方式选出优秀队伍，有 6 支队伍脱颖而出获得师生的广泛认可。其中金融 195 班学生作品《做出改变》荣获广东省教育厅 2020 年“5·25”大学生心理健康月系列活动——“战‘疫’我们无所畏惧”心理情景剧征集活动三等奖。

本次大赛结合疫情的特殊性首次采取线上方式开展，宣传面大，参与度高，凸显针对性。各参赛队伍为广州大学师生带来了内容丰富、形式多样的精彩作品，让学生学会在疫情期间认识自我、调节自我状态，积极面对严峻的疫情。

（经济与统计学院　心苑）

5 月 30 日　携手抗疫，平安校园——机械与电气工程学院开展学生返校防疫第一课

5 月 30 日上午 10 点 30 分，机械与电气工程学院通过视频会议的方式，开展了学生返校第一课主题会议，参加会议的有学院领导、全体辅导员以及目前在校的所有学生和 6 月 1 日即将返校的各位学生。

机械与电气工程学院学生返校防疫第一课会议实况

会议当中，院长张春良建议同学们，不管遇到的是科研问题还是就业问题，都要与导师及辅导员进行沟通，学院教师始终是同学们的良好资源，也是同学们的坚强后盾。同时张春良院长也敦促各位老师落实好对学生的联系工作，及时了解学生所需，解决学生所难。

院党委副书记周臻在会议上明确指出，各位在校和即将返校的同学们，务必遵守学校相关管理工作，认真落实各项防疫工作，务必做到事无巨细，防控无死角。在校生活方面，由于部分宿舍人员较少，应留意生活细节、务必做好防火防电，确保同学们的自身安全。

辅导员刘博财老师对《疫情防控期间在校学生住宿管理补充规定》进行了详细解读，并对即将返校的同学们提出相关防疫建议，提醒同学们在返校途中注意自身安全。

在提问环节中，同学们也针对一些日常生活方面的问题，如能否拿快递及图书馆是否开放等进行了提问，在场的老师一一解答了同学们的问题。

今年的在校生活与往年相比是与众不同的，同学们面临的问题也更多、更复杂。但是在机械与电气工程学院全体成员的团结努力下，各位同学必将能共克时艰，共同成长。

（机械与电气工程学院　刘博财）

5月31日　时政案例分析大赛线上举行

5月31日下午，第十届广州大学与华南农业大学时政案例分析大赛交流赛在线上顺利举行。

第一组　新冠来得不对队

该组以别开生面的情景剧的形式，为我们展示了新冠肺炎疫情期间红十字会在物资分配方面出现的问题，并以独特的视角分析了相关问题。

第二组　锦鲤分析特别队

该组以手绘视频展示了新冠肺炎疫情期间的社区物业管理出现的问题，运用了共生理论来解决目前该类问题，旨在形成共生机制，打造共享共建社区。

第三组　朱联必合队

该组以乡村振兴为背景，基于技术治理，配合4P营销理论来探讨新冠肺炎疫情期间农产品的营销方法，以详细的文献内容及分析诠释观点。

第四组　六颗瓜子队

该组以蜜蜂养殖为案例对目前脱贫攻坚战的困境进行分析。该组对大众、蜂农、政府三个方面的观点进行剖析，指出养蜂产业的困境及其原因，并从四个方面提出相关解决办法。

第五组　我们说的都对队

该组以品牌滥用的问题为例，指出了农村电商发展的状况和问题。同时以四川扶贫为例，运用“F to C to B”的模式进行分析，为如何解决现存的问题给出了方法。

第六组　搞分冲冲冲队

该组以清远市和顺塘村的农村扶贫大会为案例，分析该新型带货模式是如何解决农村贫困问题并带动乡村产业发展的。

比赛结束后，广州大学行政管理协会学术部副部长黄昊同学对交流赛能够顺利举办表示祝贺。朱生伟老师对交流赛进行总结，丁魁礼老师和朱生伟老师对各组的案例分析进行交流点评，同时鼓励同学们积极参与活动。

（公共管理学院　学工办）

时政案例分析交流赛实况

5月31日 音舞学院举行“弘扬五四精神，艺起携手战‘疫’”线上文艺展演

2019年末，新冠肺炎疫情开始在我国蔓延，以习近平同志为核心的党中央领导高度重视，带领全国人民展开了新冠肺炎疫情防控攻坚战，全国人民众志成城齐心抗疫，广大青年积极投身到疫情防控第一线。为助力国家疫情防控工作，弘扬青年一代勇敢无畏的精神，在国家疫情防控工作的决胜阶段，音乐舞蹈学院举办了以“弘扬五四精神，艺起携手战‘疫’”为主题的线上文艺展演。此次展演为抗战在一线的工作人员鼓舞士气，誓要打赢这场攻坚战。

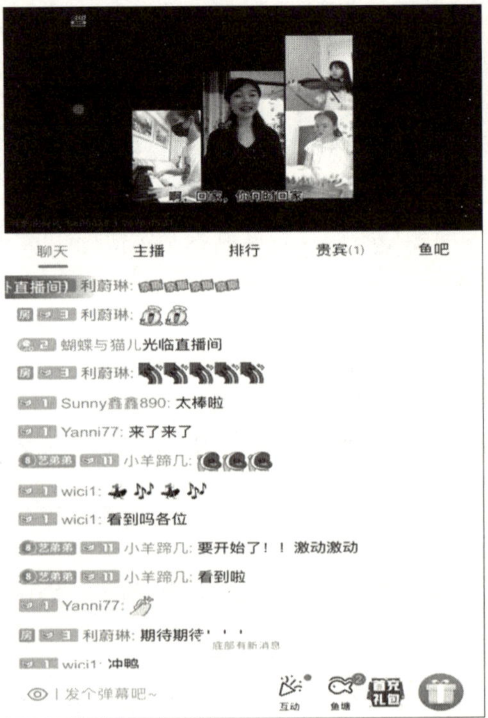

《你要平安回家》（表演者：徐炜盈、何丞颉、张滢、陈奕妮）

演出中，舞蹈节目《夏日fashion》告诉我们春去夏来，愿十里雨露能伴初生，使万物向荣，你我永远不会放弃爱与希望。声乐节目《你要平安回家》述说了新冠病毒是人类从来没有遇到过的敌人，与这些看不见的敌人作战，可以说是“生死就在每一刹那”。这首歌曲表现的正是这场战争的残酷、悲壮和白衣战士在这场残酷、悲壮的战斗中为了挽救生命“去与病魔厮杀”“要和死神一决高下的无畏”。被新冠病毒感染的病人，看到白衣战士防护服上写着的“有我在，别害怕！”时，他们便有克服和战胜这场战争的信心与力量。舞蹈节目《“艺”心战疫》用坚定有力的舞姿来展示中国一定会抗疫成功的信念。五四青年节的存在既是对历史的缅怀，也是对当代青年的激励，时间是一切成就的土壤，给空想者痛苦，但也给创造者幸福，弘扬五四精神，不忘青春初心！

（音乐舞蹈学院 学工办）

我们的大学

June 六月

6月1日　马克思主义学院“‘六一’福袋，守护童年”实践活动顺利举行

在广州市官洲社区，有一群积极开朗、热爱学习的孩子，他们家庭条件一般，但这并没有使他们失去信心，这些小天使们始终充满活力，珍惜生活，心怀感恩，努力用知识充实自己的童年。

志愿者为官洲社区孩子准备的礼品

马克思主义学院青年志愿者协会始终关注着他们的成长，积极创造机会关心和鼓励他们。在第70个国际儿童节，马院青协积极响应官洲街道社工站的号召，组织开展“贫困儿童六一礼包认捐”活动，为孩子们送去温暖与祝福。

本次活动由马院青协负责，共有13名同学参与，总共认捐250元，为2名儿童送出关爱礼包。官洲街社工根据孩子们的兴趣爱好和日常所需，选购了文件袋、笔记本、减压球、糖果等多种物品，组成关爱大礼包，亲自前往社区送到孩子们手中。孩子们在收到关爱礼包后都露出了灿烂的笑容。

本次活动的成功开展，不仅给孩子们带来了鼓励与支持，也成为志愿者们宝贵的回忆，让志愿者们体会到奉献的快乐。

（马克思主义学院　青年志愿者协会）

6月2日　人文学院2020届毕业生党员教育学习会议顺利召开

6月2日，人文学院2020届毕业生党员教育学习会议顺利召开，人文学院2020届全体毕业生党员参加本次会议。

会议伊始，全体党员共同观看了视频《最深的牵挂——习近平的两会时间》，重温总书记的人民情怀。

紧接着，王琼书记和陈楚敏老师就毕业的程序、注意事项逐一进行了详尽的说明。

人文先锋，党员先行，毕业班党员们纷纷表示将会“站好最后一班岗”，积极配合学校疫情防控工作各项要求，并努力完成疫情防控的各项工作，尽己所能为同学们服务，不负韶华，奋力出发！

至此，人文学院2020届毕业生党员教育学习会议圆满结束。

（人文学院　吴静　符芷盈）

人文学院2020届毕业生党员教育学习会议

6月14日　音乐舞蹈学院64名师生参与“万人云合唱”抗疫音乐作品《我们》的录制

6月，以抗疫为主题的“万人云合唱”视频《我们》在新华社、中央音乐学院联合主办的“延安5·23音乐节”上隆重推出，“学习强国”平台、新华社客户端、人民网、新华网、光明网、央视新闻客户端等30多个媒体进行了线上直播。

《我们》由全国艺术研究生教育指导委员会、新华社“声在中国”栏目共同发起，中央音乐学院李小兵教授作词、作曲，著名指挥家俞峰担任指挥，郎朗、吕思清、秦立巍等近200名音乐家以及全国103所艺术硕士院校的万名师生参加。

录制“万人云合唱”《我们》，既是全国艺术硕士师生抗击疫情的一次行动，更是对停课不停学的展示，共同开启艺术硕士核心课程协作内容的第一课。音乐舞蹈学院64名师生作为万人合唱中的一部分，既展现了学校对艺术硕士教育的重视，也发挥了艺术硕士师生在抗击疫情中的个人价值，让身处全国各地的学子实现了在线同步交流学习，进一步加强了师生凝聚力，鼓舞了师生在疫情防控阶段的履职担当，用云合唱的方式向一线抗疫人员致敬，用众志成城的合唱精神鼓励全人类为战胜疫情而努力。

我们

把所有的情愫都化作音符
歌颂所有心手相连的
普通百姓、医护人员、军人、
警察、科研人员等
所有这些抗击疫情的人们
愿这首歌能温暖我们的心
风雨同舟，坚定信心
致敬伟大的民族
伟大的时代
和
我们

（音乐舞蹈学院　学工办）

广州大学音乐舞蹈学院参加《我们》云合唱录制

六月

6 月 25 日　物理与材料科学学院本科生在国际高水平期刊发表论文

物理与材料科学学院光电信息科学与工程专业 2017 级本科生马泽霖、陈威龙、曹栩诚、颜健锋和房华恒在葛军老师的指导下积极参与科研项目，在非钙钛矿相-$CsPbI_3$ 材料的仿生神经突触研究上取得新进展，其论文 Solution-processed inorganic δ-phase $CsPbI_3$ electronic synapses with short-and long-term plasticity in a crossbar array structure 登上国际高水平期刊 *Nanoscale*（影响因子 6.9）。

该团队成员是同班同学、是舍友，更是科研攻关路上并肩成长的好伙伴。在他们大二下学期时，学院召开了科研项目宣讲会。在宣讲会上，他们的目光迅速被葛军老师的"钙钛矿仿生神经突触"项目吸引了。葛军老师亲切地向同学们介绍项目的巨大前景，并鼓励同学们积极尝试投身科研。虽然科研工作周期长，但团队成员始终充满信心，披荆斩棘。

神经形态计算具有与人类大脑类似的信息处理机制，因此被认为是解决摩尔定律逐渐失效及突破冯诺伊曼瓶颈限制的新技术。本项研究报道了以非钙钛矿相-$CsPbI_3$ 为基础的高稳定性人工神经突触器件，这使得制作低成本、高密度的实用型突触阵列器件成为可能。

（物理与材料科学学院　学工办）

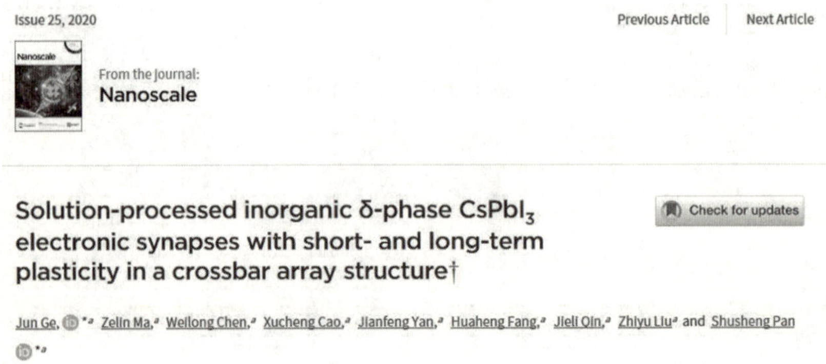
Issue 25, 2020
Previous Article　Next Article
From the journal:
Nanoscale

Solution-processed inorganic δ-phase $CsPbI_3$ electronic synapses with short- and long-term plasticity in a crossbar array structure†

Check for updates

Jun Ge, *[a] Zelin Ma,[a] Weilong Chen,[a] Xucheng Cao,[a] Jianfeng Yan,[a] Huaheng Fang,[a] Jieli Qin,[a] Zhiyu Liu[a] and Shusheng Pan *[a]

物理与材料科学学院本科生在国际高水平期刊 *Nanoscale* 发表论文

我们的大学

July 七月

7月2日　卫斯理安学院为毕业生颁发毕业证、学位证

7月2日上午，卫斯理安学院在严格遵守疫情防控规定的前提下在文新楼208大课室为2020届毕业生颁发毕业证、学位证。学院领导、教师代表、辅导员、教职工党员志愿者和取得毕业与学位资格的全体应届毕业生参加了此次活动。

院长李毅郑重地为39名毕业生颁发了毕业证和学位证。现场气氛热烈。这39名毕业生是校园内特殊的新生群体，持有中美两国大学学历和本科文凭，同时又经历了疫情时期特殊的毕业季。李院长回顾本届毕业生的特殊之处，并嘱托同学们不论是继续深造还是步入社会，始终要心系国家和民族前途命运，载梦启航，在新的人生征途上开启更华丽的篇章。

毕业生们回顾了四年以来的点点滴滴，大家带着兴奋与激动来到这座梦想殿堂，播下希望的种子，勤恳踏实，挥洒汗水，度过了褪去稚嫩、变得更加坚强的大一时光，走过了赴美留学、不断提升学习能力的大二时期，经历了走向坚定、在独立思考中更加成熟的大三岁月，开启了胸怀理想、在更广阔的人生之海中乘风破浪的大四旅程，而今天将要收获累累硕果。同学们决心毕业后继续谨记家国情怀，用实际行动践行青春当奋斗、青春当奉献的誓言。

（卫斯理安学院　学工办）

毕业生与院长李毅合照

7 月 12 日　数学与信息科学学院学生热议习总书记重要回信精神

近日，习近平总书记分别给复旦大学《共产党宣言》展示馆党员志愿服务队全体队员和中国石油大学（北京）克拉玛依校区的毕业生回信，回信在数学与信息科学学院学生中引发热烈讨论。师生们纷纷通过政治理论学习会、“云端”主题班会、自主学习等形式学习传达习近平总书记重要回信精神。

数学 173 班学生党员杨婵同学说：“作为一名未来的人民教师，我要把个人的理想追求融入党和国家事业之中，将小我融入大我，为成为一名‘四有’好老师而不懈努力，为党、为祖国、为人民贡献自己的力量，努力实现个人价值。”

2019 级研究生党支部书记魏闲妹同学说：“作为新时代青年党员，我们要在学思践悟中坚定自身信念，在奋发有为中践行初心使命，要有‘志不求易者成，事不避难者进’的大志，学好专业知识，为实现中华民族伟大复兴的中国梦矢志奋斗。”

数学 185 班涂宏楷同学说：“总书记的回信精神，让我们学生干部更加明确自己所肩负的责任和使命，我们不仅要在学习工作中奋发有为，更要在学思践悟中坚定理想信念，特别是要做好表率作用，更加主动地为同学们服务，打造丰富多彩的线上、线下第二课堂活动，为同学们的成长成才做好服务工作。”

习总书记回信中传达的精神，正鼓舞鞭策全院学生更加坚定自己的理想信念，不忘初心，砥砺前行，为党和国家的事业努力奋斗。

（数学与信息科学学院　学工办）

7 月 15 日　计算机科学与网络工程学院网络技术校企协同育人实验班开展新华三集团之旅

7 月中旬，正值梅雨尾声。计算机科学与网络工程学院网络技术校企协同育人实验班成员抵达素有“人间天堂”美誉的杭州。

在温武老师的带领下，同学们有幸参观了数字化解决方案领导者——新华三总部。新华三集团（简称“新华三”）是业界领先的数字化解决方案领导者，致力于成为帮助客户业务创新、数字化转型最可信赖的合作伙伴。

同学们抱着学习的态度参与此次活动，意求刷新自己的认知，找到自身冲击行业门槛的闪光点。

在展厅里，讲解员向同学们讲述了新华三的发展历程，大数据全系产品及服务于各行各业的解决方案，九大引擎产品及方案的核心竞争力，在人工智能等领域的创新成果以及公司在政务、党建、公安、教育等各行业开展数字化创新所取得的成绩。同时，同学们还见识到了新华三各系列数字产品，包括各类存储服务器、自主研发的路由器、交换机以及安全设备等。

课堂上，新华三的郝老师深入浅出地讲授了云计算的相关知识，涵盖 IT 行业的发展、巨头的沉浮、云计算如何应运而生、集团总体架构以及各个层次下所对应的岗位职责，强调了虚拟化的关键作用。

参观结束后，同学们积极提问，并在老师的鼓励下，阐述了自己对云计算应用的认识，涉及交通、医疗、教育、安防等领域。老师在表示肯定之余，也进行了补充、总结，扩展了同学们对云计算的认知，使大家获益匪浅。

（计算机科学与网络工程学院　学工办）

学生们认真参观新华三集团公司展览，聆听行业介绍

7—8月　外国语学院组织“云筑梦”暑期线上义教活动

外国语学院“云筑梦”暑期线上义教，聚焦习近平新时代中国特色社会主义思想，以疫情防控与乡村振兴为中心，旨在为暑假期间课业上有辅导需求的小学生提供优质的线上课业辅导，积极落实“广东乡村青少年健康成长‘两帮两促’行动”。

7月中旬至8月，“云筑梦”团队共组织招募221位志愿者，通过钉钉、企业微信、QQ等线上平台，为清远市广铁一中外国语小学以及疫情中高风险地区有需要的学生提供“一对一”及“一对多”的课业帮助、语言兴趣及艺术兴趣培养课程。本次活动合计开展公共卫生教育课程，声乐、舞蹈、配音和语言艺术等艺术兴趣知识拓展课程，英、日、法语言兴趣培养课程，共92节次。

志愿者们通过寓教于乐的方式为孩子们带来科学文化知识，激发孩子们学习语言的兴趣，帮助他们树立良好的价值观念、改善思考模式，传递温暖，让孩子们在疫情期间拥有“云”学习的机会。同时，“云筑梦”团队借此次机会传承、发扬志愿精神，呼吁青年大学生积极投身疫情防控的志愿服务中，培养大学生的社会责任感，诠释当代青年的责任与担当。

（外国语学院　学工办）

“云筑梦”线上义教

7—8月　教育学院（师范学院）开展丰富多彩的暑假社会实践活动

自7月以来，教育学院（师范学院）2020年暑假社会实践围绕“社会服务”的主题，发挥学科专业优势，采取线上线下结合的方式，通过下乡支教、云上辅导、校友寻访等形式，讲奉献，重情怀，4支实践队伍共110名学生直接参与此次暑假社会实践活动，辐射中小学生1 930人次。此外，还有110名学生以个人方式参与到暑假社会实践中。

暑假社会实践活动概况

队伍	主题	人数	形式	时间
校友寻访队	慕校友风采，扬奉献之帆	20	线上	7月20日—8月10日
青马学子支教青鸟分队	线上支教，暑假你我同行	19	线上	7月30日—8月28日
青马学子支教康禾分队	青马携星来，筑梦人东源	46	线下	7月31日—8月16日
青马学子支教英德分队	大手拉小手	25	线下	8月23—29日

校友寻访队

此次的校友寻访选择“线上冲浪”方式，以“服务与奉献”为主线，与援藏的校友对话，用他们的亲身经历向广大青年传送动情的“青年之声”；与热衷公益的校友交流，传递温暖与感动。同学们相信，在受访校友的言传身教下，一定会有更多的优秀学子成为有温度、有力量的优秀青年。以下为本次校友寻访活动的寻访对象：

李梓娱：广州大学2018届心理学专业本科生，现在广东省第九批援藏队宣传组工作。

李倩：广州大学2017届学前教育专业本科毕业生，现为西藏林芝市墨脱县格当乡占根卡村第一书记。

冯朱晓：广州大学2015届应用心理学硕士毕业生，曾赴西藏林芝投身西部计划，现为广东省第二人民医院心理精神科心理治疗师。

周见清：广州大学2012届教育学（小学教育）专业本科生，毕业后参加西部计划，在西藏林芝地委宣传部（现为市委宣传部）做志愿者。

陈以召：广州大学2019届心理学（特殊教育）专业本科生，专职投入解决大龄特殊孩子的教育安置与就业。

支教青鸟分队，暑假你我同行

疫情下支教活动受阻，但同学们的热情依旧、爱心不减。他们主动当起小老师，组织安排线上课程，进行云上作业辅导答疑，除此之外，还帮学生查漏补缺，进行课外拓展，用自己的关心和耐心为孩子们打造了一个难忘的暑假。

支教康禾分队，为教育扶贫贡献力量

7月31日—8月16日，青马支教队与启明星支教团队齐聚东源县青少年宫，经过三天两夜的开营培训后，“星计划”实践队前往康禾中心小学，结合乡村图书馆计划和当地资源，秉持“兴趣引导，注重基础，关注心灵，言传身教”十六字方针，以“主题式”和“体验式”的阅读课程为主，形成多元化、高趣味性的兴趣课程，给孩子带来优质的学习体验，引导孩子们从中认识自我并推动自主成长。

支教英德分队，青春奉献乡村

学生支教现场

8月23—29日，英德市英红镇中心小学迎来了一批“小教师”。25名教育学院小学教育专业（英德市生源）2019级公费定向师范生在此展开为期六天的暑假实践。同学们以“小学语文”学科内容为侧重点，以“学科+趣味”为切入点，通过飞花令、手抄报设计和舞台剧等趣味学习活动，给当地的孩子们带去了别开生面的课堂体验。

（教育学院　学工办）

我们的大学

August 八月

8月3—16日　建筑与城市规划学院开展“手绘故乡·多彩乡村”主题教育实践活动

8月3—16日，建筑与城市规划学院青年志愿者协会面向学院所有学生举办了一场以“手绘故乡·多彩乡村”为主题、为期14天的暑期文化科技卫生“三下乡”社会实践活动。

本次活动旨在探究村落中的文物古迹与非遗项目的生存现状及文化内涵，倡导同学们积极发掘家乡资源、助力乡村振兴、积极投身社会实践，为乡村的发展与地方建设做出自己的贡献。

本次活动共收到同学们的精彩作品42份，每份作品的字里行间都透露着同学们对故乡的深厚情感。作品中有的将家乡的一处文物古迹或非遗项目作为调研对象；有的以摄影加手绘的形式，配上生动而翔实的文字，向读者呈现中华传统文化和美丽新乡村的魅力。最终有5份优秀作品脱颖而出。

本次教育实践活动贴近实际，发扬传统，体现了同学们扎实的专业基础和别具一格的个人特色，将同学们的个性与历史文化深度融合。一座建筑亦是一个时代的缩影，时代在发展，我们理解和创造文化的方式也许在不断变换，但它们总是以一种更包容的姿态，历久弥新。我们在不断成长，而这些建筑仿佛是家乡凝固的符号，它们灿烂的光芒也许就在某个不经意间，照亮我们的前路，温暖我们的心。

（建筑与城市规划学院　青年志愿者协会）

8月15日　生命科学学院组织开展饭堂志愿服务活动

为进一步强化师生用餐环节的疫情防控工作，切实保障疫情防控期间学校学生用餐安全，生命科学学院青年志愿者协会联合广大菊苑饭堂组织开展了主题为“正确就餐，助力疫情防控”的志愿服务活动。

8月15日上午，菊苑饭堂薛经理对首批志愿者进行了集中培训，培训内容包括志愿服务内容及注意事项。

同学们积极加入志愿者队伍，引导就餐的同学戴口罩、间隔就座，提醒同学们保持间距排队等。

饭堂是高校人员密集的一大场所，志愿者们主动担任起巡查工作，督促学生在疫情期间健康合理用餐。此次志愿者活动不仅提升了同学们的防护意识，也对同学们的用餐环境起到了一定的改善作用。

在学校复学返校的重要时刻，生命科学学院志愿者们在校园疫情防控工作中发挥了积极作用，用实际行动书写了生科学子的使命与担当。在此，生科院发出倡议：正确就餐，助力疫情防控，你我共前行！

（生命科学学院　黄云开　梁静恩）

志愿者正在饭堂指引

8 月 15—16 日　管理学院顺利开展线上导生培训会

8 月 15—16 日，管理学院为期两天的 2020 年导生培训会在线上顺利开展。2020 级 52 名导生全程认真学习了全部课程并积极参与讨论。

导生们通过学习课程专题学习，认识到了“构建成长共同体的价值罗盘”的重要性，明确了广大人共同的价值追求，进一步找准了导生定位，明确了导生职责。此外，导生们在思想政治工作、校园文化建设、班级教育和日常工作管理、公寓文明建设、学风建设等方面学习了许多高效的技能，为日后导生工作的开展做了良好的理论准备和策略准备。

管理学院2020年导生培训日程

	8月15日（周六）	8月16日（周日）
上午 （9：00—12：00）	开班仪式 9：00—10：00 主讲：陈媛、张立 （校史院情； 导生定位、职责、意义）	资助与征兵 9：00—10：00 主讲：李佩雯
	日常管理制度 易班大学生涯规划及考研介绍 10：20—12：00 主讲：梁世健	人际（宿舍）关系处理 突发事件处理 情绪管理 10：20—12：00 主讲：谢灿杰
下午 （14：00—17：00）	学风建设 综合测评与双创 14：00—15：00 主讲：陈媛	学生活动 （党支部、团学、社团） 14：00—15：00 主讲：邹婷
	班级管理 15：20—17：00 主讲：陈绮惠	礼仪教育 15：20—17：00 主讲：曾梅华
晚上 （19：00—21：00）	新老导生交流	复盘与交流 （讨论主题：无新生周的情况下，如何提前进行新生教育）

为了交流作为导生的宝贵经验，本次线上培训也邀请了上一届的优秀导生们分享经验，新老导生进行了深度的交流以及互动，共同探讨与学院辅导员一起建设崭新的管理学院新生班级的方法。导生、导助们也围绕“如何提前进行新生教育”这一主题展开讨论，各抒己见，保证导生工作的顺利开展。

经过两天的培训交流，导生们对于导生的职责有了更深一步的了解与认识，也对未来的工作充满了信心。

（管理学院　新媒体宣传中心）

8 月 21—23 日　电子与通信工程学院学生获全国大学生集成电路创新创业大赛二等奖

8 月 21—23 日，第四届全国大学生集成电路创新创业大赛全国总决赛在南京举行。电子与通信工程学院曾衍瀚副教授带队指导的 2017 级物联网工程专业本科生植浩昌、2017 级电子信息科学与技术专业本科生陈涌楠和陈俊凯组成的“建设中的高水平小组”荣获艾为杯全国二等奖，实现了广州大学在集成电路方向最重要竞赛中零的突破。

全国大学生集成电路创新创业大赛（以下简称“集创赛”）由工业和信息化部组织主办，旨在深化产教融合，创新高校人才培养机制，为国家集成电路产业发展提供丰富的人才储备，当下国际形势更凸显此项赛事的意义。集创赛于 2019 年入围全国普通高校学科竞赛排行榜内竞赛项目榜单，是集成电路学科唯一入围榜单的全国赛事。

本次集创赛共设射频与模拟设计、数字与 SoC 设计、FPGA 设计与应用、EDA 算法设计等集成电路专业多个方向，包含紫光展锐杯、Arm 杯、IEEE 杯、艾为杯、紫光同创、信诺达、RISV-V、平头哥等 12 大杯赛，分华北、华

主办方为获奖团队颁发奖牌

南、东北、西北、西南、华东六大赛区。在主办单位和所有参赛师生的坚持和努力下，顶住了疫情的不利影响，第四届集创赛报名队伍 2 000 余支，参赛师生 6 000 余人，参与高校逾 220 家。此次获奖，得益于学校学院长期以来对学生专业知识的夯实培养，以及对创新实践环节的重视，充分展现了学校及学院的本科教育水平和成果。

（电子与通信工程学院）

8 月 31 日　机械与电气工程学院研究生团队在第十五届中国研究生电子设计竞赛中获得全国总决赛一等奖

8 月 31 日，由教育部学位与研究生教育发展中心指导，中国学位与研究生教育学会、中国科协青少年科技中心、中国电子学会共同主办的“兆易创新杯”第十五届中国研究生电子设计竞赛全国总决赛在南京信息工程大学落下帷幕。经过激烈角逐，由电子与通信工程学院和机械与电气工程学院研究生组成的创新团队作品《基于深度学习的全自动垃圾分类回收系统》荣获全国总决赛一等奖，这是学校参加该项赛事以来获得的最好成绩，同时也是广州地区唯一获得本届竞赛全国总决赛一等奖的队伍。

参赛作品现场展示与交流

中国研究生电子设计竞赛是中国研究生创新实践系列大赛中规模和影响力最大的竞赛之一，竞赛始终坚持“激励创新、鼓励创业、提高素质、强化实践”的宗旨，以含金量高、参与程度深、综合素质要求高、与产业紧密结合为特色，已成功举办十五届。

机械与电气工程学院的研究生代表队历时四个月精心准备，刻苦努力，指导教师也倾尽所能为他们答疑解惑和完善作品，最终助力他们取得如此骄人的成绩。参与这项比赛不仅让同学们的专业技能真正得到了锻炼与提升，同时也进一步激励了广大学子的学习热情，极大地激发了创新精神。相信在今后的学习中，这次参赛的宝贵经验将继续陪伴同学们乘风破浪、砥砺前行！

（机械与电气工程学院　冯荣光）

我们的大学

September 九月

9月4日　生命科学学院学子光荣入伍

自2020年征兵工作启动，生命科学学院充分利用公众号、征兵动员宣讲会等方式，对全体学生加强关于大学生参军入伍国家政策、参军报名流程、已入伍学生光荣事迹等方面的宣传，较好地激发了大学生参军入伍的激情。先后有8名学生积极报名参军，其中生物工程162班郑振华、生物科学192班林俊，成功通过全部体检和政治审核，在9月份应征入伍。

9月4日，生命科学学院举行入伍学生欢送会。郑振华同学从学院党委副书记刘晓亮手中接过书记精选的两本书籍——《习近平的七年知青岁月》和《苦难辉煌》，以此勉励自己不忘初心，砥砺前行，在部队历练成才，实现人生抱负。

同期，原生物技术162班学生丘远涛光荣退伍，返回学院继续完成学业，成为生物科学181班的一名学生。返校后的丘远涛回忆起两年的军营经历，感受深刻："很庆幸自己人生有那么一段当兵的经历，或许很多人都有过当兵的想法，却因为其他的原因没能实现；同时也很庆幸自己当兵进入了首都北京，祖国的心脏，在北京唯一一支野战部队服役；更加庆幸在新中国成立七十周年之际，能参加2019年国庆阅兵仪式，成为'年号和国徽方阵'成员，正步走过长安街，为祖国献上生日的祝福。"

学生入伍照片

郑振华同学获赠书籍

衷心祝愿生科院入伍新兵能够牢记使命、不负嘱托，以实际行动报效祖国，成就一番别样的事业。希望老兵退伍不褪色，尽快调整好心态，继续发扬部队的优良传统和作风，在专业学习中继续成就人生。

（生命科学学院　龙女）

9 月 10 日　建筑与城市规划学院开展优秀校友寻谈活动

一年一度的优秀校友采访，是为毕业校友送去温暖问候，为在读同学带来宝贵经验的活动。9 月 10 日，建筑与城市规划学院采访到了获得公派留学资格的研究生刘晓昀。

刘晓昀同学

刘晓昀，建筑与城市规划学院 2020 届建筑设计及其理论方向研究生，本科就读于广州大学建筑学专业，后推免保送为广州大学建筑学硕士研究生，硕士阶段参与了广州大学与英国格拉斯哥艺术学院的联合培养项目并取得了英国 MSc 工学硕士学位，获得 2020 年国家公派留学资格（博士研究生）及与意大利米兰理工大学合作奖学金。

采访围绕发展规划、留学体会、学习经验三个方面展开。

在发展规划上，刘晓昀分享了自己本科和研究生期间的经历，她认为，当目标明确之后，规划也就水到渠成了。在留学体会上，她觉得在国外的一年中，最大的收获便是养成了独立判断和思考的能力。在学习经验上，她希望大家尽可能多地去汲取专业知识，把握各种机会去学习思考，努力让自己变得更有想法，除此外，还要多讨论、多交流。

最后，对母校及广大学子，刘晓昀希望同学们珍惜身边的一切，大家正赶上了广州大学最好的时光，她真诚祝愿母校越来越好，广大学子前途似锦！

（建筑与城市规划学院　新媒体中心）

9月13日　美术与设计学院陈林铎等同学作品在第13届中国大学生计算机设计大赛中斩获全国一等奖

中国大学生计算机设计大赛是教育部高等学科竞赛排行榜中的国家级赛事，由教育部高等学校大学计算机课程教学指导委员会和中国大学生计算机设计大赛组织委员会等联合主办。经过多年的发展，已成为规模庞大、广泛覆盖高等院校、参与师生人数众多、作品水准较高的全国性高校学科竞赛之一。据了解，今年全国有近700所高校的3万件作品参加了本次比赛，规模之大、范围之广、人数之多创历年大赛之最。受疫情影响，今年的比赛全程采用线上评审、线上答辩。经过省赛初赛、省赛决赛、国赛资格筛查，共有4 646件作品入围国赛。通过国赛初评、国赛复评，最终评选出一、二、三等奖。

美术与设计学院获奖作品中，《红头船与天后宫娘娘》（参赛学生：陈林铎、卓思成、陆玉萍；指导老师：李小敏、徐志伟）和《VR候鸟保护科普游戏》（参赛学生：吴永旭、赖新颖、郑柯柯；指导老师：刘洁）两个作品斩获全国一等奖，并入选2020年“广东省首届漫画大展”。

（美术与设计学院　学工办）

红头船与天后宫娘娘

9 月 15 日　马克思主义学院迎新迎未来

又是一年迎新季，初秋的校园到处都洋溢着欢乐与喜悦，来自全国各地的莘莘学子怀揣着梦想齐聚广州大学。

为了使新生感受到马克思主义学院的温暖，学院师生积极开展迎接新生工作。马克思主义学院团委学生会提前招募志愿者协助迎新工作，并在主席团的带领下分成若干小组，各司其职，事无巨细，责任到人，力求给新生带来最好的服务。为响应防疫要求，学院贴心为新生准备了包含口罩、体温计等防疫物资在内的防疫大礼包，提醒新生们在开启新征程的同时也不忘保持防护安全意识。

9 月 15 日的迎新日，广州的天气在烈日当空和滂沱大雨间来回切换。尽管极端天气给迎新工作带来了一定的困难，但学院团委学生会全体成员和志愿者们始终以饱满的精神状态和热情周到的服务迎接马克思主义学院 2020 级新生，保证迎新工作有序进行。

学院团委学生会、导生组、志愿者分别穿着红、黄、蓝三色上衣，构成了迎新日独有的“三原色”。三色凝聚在一起，是一道最靓丽的风景，这便是坚守岗位、风雨无阻的马院人的“精神色彩”。

新生们纷纷表示，学院的迎新工作细致温暖，报到过程简单快捷，无微不至的关怀与照顾让大家感受到了家的温暖。

（马克思主义学院　学工办）

迎新工作人员和志愿者们：一道靓丽的风景线

九月

9 月 16 日　生命科学学院喜迎 2020 级新生

9 月 16 日，生命科学学院 2020 级新生陆续抵达报到点，正式拉开新生入学注册报到的序幕。来自不同地区的新生提着行李怀着憧憬，走进了广州大学，他们即将在此开启崭新的大学生活。

为更好地迎新生，生命科学学院学工办和团委学生会提前进行了详细的规划，精心布置新生报到区和休息区，同时组织了一批学生志愿者进行指引、搬运等迎新工作。此外，报到点附近还安排了红会站点照顾新生们的身体状况。

迎新当天，学院院长田长恩、党委书记陈筠、党委副书记刘晓亮以及 2020 级班主任也到达现场，与大家亲切交谈，了解迎新安排，慰问迎新工作人员。

此外，院领导、班主任和辅导员还走访了新生宿舍，亲切问候新生，欢迎新生的到来，鼓励新生尽快适应大学的学习生活、做好大学生涯规划。

经历了一天的忙碌，2020 级新生的大学生活正式开始！祝愿生科院全体新生都能拥有努力、充实的四年！

（生命科学学院　马家驹）

迎新工作人员及学生干部合影留念

9月17日　计算机科学与网络工程学院举行2020级新生开学典礼

9月17日，计算机科学与网络工程学院2020级新生开学典礼顺利开展。开学典礼环节丰富多彩，教师代表发言后接着是新生代表发言。第一场由本科新生代表——人工智能201班丁千惠同学发言，她表示尽管今年有很多困难，但大家依然要向着理想启航。同时她相信人工智能一定会成为新时代的标志，随着科技的不断进步，以后大家在面临疫情或其他自然灾害时也可以更从容地应对，采取更完善的方法。

计算机学院新生开学典礼现场

第二场由2020级教育技术专业的研究生新生李宁发言，她十分荣幸能够作为新生代表在这里发言。她提到，在刚刚过去的一年中，大家经历了高考、考研，也度过了这一生中最无忧无虑的暑假，现在应收拾好心情，去期待充满未知和精彩的本科、研究生生活。发言最后，李宁呼吁同学们在今后的日子里，相互鼓励、勤奋共勉，用执着的信念探求真知，用坚定的步伐追寻理想，一同开创美好的未来！

最后王捍贫院长还为同学们介绍了学院及专业的情况，由解答“计算机能做什么”，到提出图灵机的概念，引申至计算机模型的选择方法，逐步引导同学们加深对计算机的认识和理解。王捍贫院长还希望同学们尽快主动适应大学生活、学习，加强锻炼和劳动，抓住国家发展、大湾区发展、学校高水平建设、学院重点发展机遇。

会后，同学们有序地离场，凸显了广大人的素质和修养。最后祝愿2020级的各位新同学在未来的日子里乘风破浪，让这段在广大的经历成为你们生命中的无价之宝，助力大家展翅高飞！

（计算机科学与网络工程学院　学工办）

9月17日　教育学院（师范学院）召开2020级新疆少数民族预科班见面会

9月17日，教育学院（师范学院）在文逸楼309召开2020级新疆少数民族预科班见面会。广州大学副校长吴开俊、学生处处长黄志凯、教育学院党委书记兼预科班第一班主任麻彦坤、教育学院心理系教授兼预科班班主任黄洁华、少数民族办副主任蔡强、少数民族办尔夏提·艾司卡尔、教育学院预科班辅导员李思齐参加会议，见面会由教育学院党委副书记胡艳芝主持。

见面会学生提问现场

会议伊始，胡艳芝副书记介绍了2020级预科班的基本情况，54名来自新疆不同民族的学生“团聚”广大。学校、学院领导对同学们表示祝贺和欢迎，麻彦坤书记向同学们提出了尽快转变角色、适应变化的殷切期望，黄志凯处长也对同学们提出了认清身份、学会适应、服从制度、调节心理这几点建议和要求，吴开俊副校长与全班同学说明了学校在教育学院首次设置预科班的初衷，表达对同学们学业有成、学有所得的期望，同时鼓励同学们适应学习、环境、生活、文化等方面的变化，体悟学校人才培养目标，感受学校文化气息，养成良好的运动习惯，并希望自己能和同学们多沟通交流，今后将持续关注同学们的学习与成长。

随后，现场进行了热烈交流互动。预科班同学们提出了关于升学考研、入党等方面的疑问困惑，领导老师们耐心解答、一一回应。此次见面会拉近了师生们的距离和情感，引导和帮助2020级新疆少数民族预科班学生更好地适应学习和生活。

（教育学院　学工办）

9月17日　电子与通信工程学院举行“名师讲座”

9月17日下午，电子与通信工程学院顺利举办“名师讲座”。电子与通信工程学院智能通信工程研究中心主任陈庆春教授为2020本科新生和研究生带来了主题为“新的起点，做一个立志、崇实、担当的电信学子”的精彩讲座。

黄埔校区研究生观看“名师讲座”直播

陈教授对同学们提出立志、崇实和担当三点要求。对于立志，他要求大家首先要看清远方，尽快地确定自己的志向和目标。对于崇实，他希望同学们踏踏实实，重视基础知识的学习，注重细节和实效；要具备逻辑思维的严密性，灵活运用学习方法。对于担当，他希望同学们要坚持和坚韧，不畏风险和压力。目前，我国面临的很多“卡脖子”技术问题，根本在于基础理论研究滞后，源头和底层的东西没有搞清楚。同学们有理由、有责任、有义务，勇于开拓创新，实现自己的担当。

陈教授还从电子与通信工程学院的学科发展方向给同学们做了一个清晰的梳理。发展信息与通信工程学科符合国家重大需求，但不能脱离集成电路技术的有效支撑，需要适应 ICT 技术对通信、计算和存储深度融合的要求，更是适应万物感知、万物互联、万物智能这一全新挑战的根本要求。目前我校发展信息与通信工程学科有良好的基础，也是我校适应粤港澳大湾区经济社会发展需求的应尽之责。

经过这次讲座，同学们认识到这个学科方向大有可为，这个时代大有可为。相信同学们会把电子与通信工程学院作为自己人生的一个新起点。立志、崇实、担当，不负韶华，成就人生！

（电子与通信工程学院　学工办）

9 月 18 日　美术与设计学院研究生作品入选省级大展

美术与设计学院 2019 级“艺术品修复与鉴藏”专业研究生周咏莹、谢子琪的作品《油画作品〈挖地道〉画布支撑体的保护与修复》《胡一川〈挖地道〉颜料层保存修复方案》入选“理念与方法——艺术品保存修复研究展”，该展是由广东省美术家协会、广州图书馆、广州美术学院美术馆、广东省美协综合材料绘画与美术作品保存修复艺委会联合主办的省一级展览。

参展同学合影留念

本次展览展出的是首次在广东全省范围公开征集和评选修复的作品案例。广东省美协专职副主席兼秘书长王永先生在开幕式上谈道：展览具备了全国性乃至国际性的视野，并得到了国家博物馆、军事博物馆、中国美术馆等全国重点单位的大力支持，选送的研究案例和广东省入选作品案例同台展示，将促进广东文保工作水平的提高。

展览分为“红色经典艺术品的保护修复”展区和“广东省文物艺术品保护修复”展区，分别展出来自全国重要单位和知名专家选送的作品案例以及广东省内公开征集的作品共55套，绝大部分修复案例是首次公开。其中来自广东的25套作品是经评审委员会评审后入选。评审委员会专家来自中国美协综合材料绘画与美术作品保存修复艺委会、故宫博物院、上海视觉艺术学院、广东省文物局、广东省博物馆、广州美术学院、澳门文物保存修复学会、广东美协综合材料绘画与美术作品保存修复艺委会。

（美术与设计学院　学工办）

9月18日　音乐舞蹈学院举办“月圆迎国庆，温暖师生情”欢庆晚会

“今夜月明人尽望，不知秋思落谁家。”古至今来，中华民族始终将思亲之情以明月代之，月圆人聚。李白吟“举杯邀明月，对影成三人”，苏东坡唱“明月几时有”，这个秋天，在我们喜迎小“家”节日的同时也迎来了大“家”的节日。七十载风雨征程，中华民族实现了从站起来、富起来到强起来的历史性飞跃，中国人民实现了从落后时代到大踏步赶上时代、引领时代的历史性跨越。这一路上，中国以她的担当，不断满足人民对于美好生活的向往；中国以她的作为，让每一个中国人都有人生出彩的机会。在这个特别的日子，由音乐舞蹈学院院长罗洪、书记李颂东策划，副院长刘瑾、副院长张

“月圆迎国庆，温暖师生情”海报

艳、副书记周云监制，全体研究生参与的“月圆迎国庆，温暖师生情”晚会在9月18日顺利举行，其中包括舞蹈《花好月圆》、歌曲《和祖国在一起》等众多与中秋国庆佳节相映生辉的节目。

在这个特别的节日，音乐舞蹈学院筹办双节欢庆晚会，用自己的方式为家为国庆生，也让每个人思考“天下之本在国，国之本在家”对我们意味着什么。这样的活动和节目不仅使在异地他乡的我们感受到“家”的温暖，更能让我们铭记家国恩情，不忘初心、牢记使命。

（音乐舞蹈学院　学工办）

9月22日　人文学院2020级新生入学教育大会顺利召开

9月22日，人文学院于桂花岗校区图书馆三楼报告厅召开新生入学教育大会，人文学院党委书记王琼、2020级辅导员饶珈瑞和全体2020级新生参加本次活动。

会议伊始，王琼书记通过讲述中外名人的生平事迹引出本次入学教育的主题——“礼”和“美”，并分别从优雅之美、自律整洁之美、宽容尊重之美、绿色环保之美和艺术之美阐述“美”的魅力。学生表示，通过本次入学教育大会，他们明白了以礼待人是中华民族的优秀传统文化，学习礼仪是大学生必修的一门课，作为新时代青年应重视对礼仪的观察和学习。

同学们认真听王琼书记讲述“礼”和“美”

本次活动中，同学们被王琼书记优秀的口才、缜密的逻辑以及风趣的语言深深感染，掌声起伏不断。通过本次新生入学教育，同学们更加懂得了如何自觉践行“礼”和“美”，努力塑造和锻炼自我，成为高素质的博雅人才。

至此，人文学院2020级新生入学教育大会顺利召开。

（人文学院　新闻中心）

9月26日　机械与电气工程学院在第九届全国大学生机械创新设计大赛广东赛区荣获一等奖

9月26日，第九届全国大学生机械创新设计大赛广东赛区暨第九届广东省大学生机械创新设计大赛在北京理工大学珠海学院举行，本次大赛共吸引29所省内高校141件作品参赛。经过专家答辩、集中评审等环节的激烈角逐，广州大学机械与电气工程学院选送参赛的8件作品获得优异成绩，其中一等奖1项、二等奖1项、三等奖2项、优秀奖4项，并有一个项目获得全省第三名，入围全国决赛。

机械与电气工程学院参赛选手合影留念

全国大学生机械创新设计大赛以“实物参赛、机电结合、系统训练、创新应用、科技创业”为特色，获得了全国高校机械类、工程类等专业师生的热情赞誉。据悉，此次机械创新设计大赛的主题为“智慧家居，幸福家庭”，大赛历时一年多。在学校、教务处领导的支持下，机械与电气工程学院高度重视，克服新冠肺炎疫情带来的影响。老师们悉心指导，同学们踊跃参加，发挥机电学子在科技创新、发明创造方面的优势，赛课协同，实施拔尖创新人才培养。在层层选拔后遴选了 8 支队伍参加省赛。返校前团队成员和指导老师通过线上会议等形式完成方案讨论和设计，返校后利用课余时间加班加点完成作品的制作和调试，实现了作品的原创性、功能性和实用性的结合。

参加此次比赛的同学们纷纷表示受益匪浅，不但拓宽了自己的眼界，而且对“生活处处有机械”这句话也有了更加深刻的认识与理解。

（机械与电气工程学院　冯荣光）

9 月 29 日　经济与统计学院开展“思政第一课”授课

为贯彻习近平总书记在学校思想政治理论课教师座谈会上的重要讲话精神，教育引导学生认识和担当时代使命，推动同学们对中国经济高质量发展的路径有所思考，经济与统计学院院长傅元海教授于 9 月 29 日下午为 2018 级 90 余名学生讲授新学期“思政第一课”。

同学们认真聆听“思政第一课”

傅院长以“中国经济高质量发展”为主题，将思想政治教育与专业教育有机结合，以经济高质量发展的背景为切入点，讲述了中国经济高质量发展的内涵，阐述了中国经济高质量发展的道路。傅院长认为，经济高质量发展不仅要关注经济的总量和规模，更要辩证看待数量与质量、速度与效率的关系。傅院长还讲解了创新、协调、绿色、开放、共享五大发展理念与经济高质量发展的关系。

同学们表示，通过傅院长的“思政第一课”，他们进一步了解了当今中国的经济环境，不仅增长了见识，更开阔了视野。同时也意识到为适应时代发展要求，一要尽快适应转变，承担历史使命；二要提高创新能力，紧跟世界发展潮流，迎接新时代的挑战；三要积累知识储备，提高综合素质。

（经济与统计学院　2018 级级委会）

9 月 29 日　人文学院、新闻与传播学院、生命科学学院、建筑与城市规划学院、环境科学与工程学院五院联合青马工程结营仪式顺利举行

9 月 29 日，人文学院、新闻与传播学院、生命科学学院、建筑与城市规划学院、环境科学与工程学院五院联合青马工程结营仪式于文清楼 507 教室顺利举行，共 52 名学生参加本次活动。

仪式伊始，江凯老师上台致辞。他指出，青马工程旨在提高同学们的思想道德素质、政治理论水平与团队合作能力，同学们应运用好所学，在今后的学习中不忘初心，砥砺前行，走好人生的每一步。

全体师生齐唱团歌

在重温入团宣誓环节后，各学院的青马学员代表分享了学习心得。叶定远同学作为人文学院学员代表进行发言，他认为青马工程围绕文学品读、思想提升

和思辨培养三个方面来培养学员，在青马班的学习是自我提升与集体进步相统一的过程。学员们表示，通过本次青马班的学习，他们会始终坚定理想信念，永远保持奋斗精神，将个人前途和国家命运相结合，努力争做新时代奋进好青年！

随后，老师们为各院优秀青马学员颁发奖状，全体师生起立，合唱中国共青团团歌，歌声彰显出师生们对祖国的热爱。

至此，人文学院、新闻与传播学院、生命科学学院、建筑与城市规划学院、环境科学与工程学院五院联合青马工程结营仪式圆满结束。

（人文学院　新闻中心）

我们的大学

October 十月

10 月 1 日　管理学院举办“情满中秋，共贺国庆”外省同学座谈会

10 月 1 日，广州大学桂花岗校区管理学院于教学楼举办了“情满中秋，共贺国庆”外省同学座谈会。

本次座谈会旨在抚慰留校同学思乡心切的情绪，让留校同学也能感受到校园中浓厚的节日氛围，帮助同学们尽快适应大学校园的学习与生活。管理学院党委书记李增祥、党委副书记陈媛、党委副书记张立、辅导员谢灿杰老师和陈绮惠老师参加此次活动。在会上，陈媛副书记向大家致以节日问候，同时也鼓励同学们尽快熟悉角色的转换，做好大学四年的规划，抓住每一个锻炼自我的机会，做到不断地认识自我、提升自我、超越自我。

在师生交流环节，老师们和同学们进行了友好亲切的交流，面对同学们各式各样的问题，老师们都耐心地回答，同学们纷纷表示收获良多。管理学院的同学们还为大家带来了丰富多彩的节目，老师们和同学们一起参与其中，气氛活跃，欢笑声温暖了整间教室。

五湖四海，相聚管院，同度中秋，共贺国庆，本次座谈会在欢乐和热闹中落下帷幕。

（管理学院　新媒体宣传中心）

座谈会师生交流环节

10月1日　建筑与城市规划学院“五室一站”举办“颂祖国、迎中秋”主题朗诵活动

2020年10月1日国庆当天，建筑与城市规划学院兰苑3栋“五室一站”在二楼党团活动室举行了“颂祖国、迎中秋”主题朗诵活动。

师生共同朗诵

在活动开始之前，“五室一站”成员、兰苑3栋党员、建筑与城市规划学院学生党员对场地进行了精心的布置和设备的调整。

建筑与城市规划学院党委副书记周世慧老师出席本次活动。前来参加本次活动的还有建筑与城市规划学院和兰苑3栋的党员、入党积极分子和“五室一站”工作人员。大家来自不同的学院，有来自建筑与城市规划学院、地理科学与遥感学院、物理与材料科学学院、土木工程学院等。本次活动分为两个部分，第一部分是“深情朗诵，歌颂祖国”，第二部分是“书记分享，互动交流”。

活动开始，所有参会的成员以饱含深情的声音朗诵着歌颂祖国的诗篇，同学们自豪的声音响彻整个活动室。在随后的“书记分享，互动交流”环节，周书记介绍“五室一站”的功能与活动安排，并勉励大家好好学习。周书记将带来的月饼与大家分享，同时分享的还有这节日的喜悦。大家坐在一起吃月饼，话国庆，双节同庆，聊着各自学习与生活的趣事。

恰逢国之庆典，万户团结安康！在这欢庆的日子里，留校的学子欢聚一堂，左手月饼，右手敬礼！活动让留校的同学们感受到学校的温暖，感受到节日的欢乐，共庆祖国伟大的生日。

（建筑与城市规划学院　兰苑3栋“五室一站”）

10 月 9 日　外国语学院举办考研交流会

为了让同学们明确考研的方向，外国语学院分别邀请了外国语学院在读研究生 18 级许嘉琪同学、19 级林春丽同学，考研校友 2016 届蔡熙悦、2019 届范建嵩和 2020 届李冠旭为分享嘉宾，于 10 月 9 日和 10 月 19 日在梅苑 10 栋“五室一站”三楼心情驿站举办“辅导员有约”系列活动之考研交流会。外国语学院团委书记黄顺婷老师，辅导员陈远明老师、徐慧老师以及 18、19 级有意愿考研的同学参加分享活动。

18 级课程与教学论专业研究生许嘉琪同学、19 级学科教学专业林春丽同学分别从考研的目的、考研学校的选择、考研资料选择、复习计划安排、考研过程中的心态调整五个方面进行经验分享。三位考研校友 2016 届蔡熙悦、2019 届范建嵩和 2020 届李冠旭，分别从国外升学、保研以及考研三方面进行了详细的介绍，细致全面、干货满满。

分享会结束后，同学们纷纷表示了解到很多考研隐藏技能，明确了考研目标。

（外国语学院　学工办）

同学们积极分享考研经验

10 月 10 日　管理学院顺利打造学生骨干成长训练营

10 月 10 日，由管理学院全体学工办老师倾力打造的“守初心　练本领　担重任”管理学院学生骨干成长训练营，在广州大学众创空间路演厅正式拉开了序幕。

管理学院团委学生会各部门负责人、各社团负责人、学生党支部委员共计 50 余名学生全程参与课程的学习。主讲成员由党委副书记陈媛老师、张立老师和全体学工办老师组成。

活动方式有老师授课、师生交流、小组展示和团队游戏等几个环节。为期两天的课程引导大家思考身为学生干部应具备何种精神面貌和意识，培育学生干部提高团队合作能力、领导力、号召力等多方面的综合能力以及发挥他们在实践中的引领作用。

通过本次培训活动，同学们受益颇深，增强了对学校和学院的归属感和责任感，加深了作为新时代大学生的责任意识和担当意识。

（管理学院　新媒体宣传中心）

训练营成员合影

10 月 15 日　机械与电气工程学院举办“师生交流共成长　优良学风我先行”2020 级新生班级师生交流会

机械与电气工程学院 2020 级新生班级师生交流会现场

机械与电气工程学院于 10 月中旬至 11 月在各新生班级成功举办了师生交流会活动，党委书记张春良教授、院长邹涛教授、各班班主任、导生以及优秀学长学姐代表在会上与同学们展开了深入交流，引导同学们在开学初期建立学习上和生活上的明确目标与树立正确的人生导向。

张春良书记用生动直观的语言为同学们讲述、分析当前我国的科技发展形势和机械专业的就业前景。邹涛院长也告诫新生尽早树立目标，寻找适合自己的发展方向。机电系胡一丹老师结合自身所见所闻，用风趣幽默的语言教育同学们要把爱好变成素质，做一个思路清晰目标明确的人。冯铁麟同学分享了自己的考研经历，告诉新生们考研读博与时间的关系是不可衡量的，读书是一项必有回报的选择。交流会现场也设置了新生问答环节和互动环节，同学们遇到的困惑和疑虑得到了来自老师和导生们的耐心解答。

通过举办师生交流会，师生搭建起了沟通的良好平台，同学们逐步养成了争优向学的积极心态，为我院优良学风建设打下了坚实的基础。良好的学风对同学们的学习成长和学员的发展建设都起着非常重要的作用，我院紧抓新生的入学教育工作，通过师生交流会搭建学生与师长、朋辈的互助交流平台，全面助力同学们学习生活的行为教养和行为辅导，真正实现了面对面的交流、心与心的沟通。

（机械与电气工程学院　王晓枫）

10 月 19 日　管理学院举办实验室安全特色活动

同学们认真聆听何向副院长的讲解

10 月 19 日，为深化学生对实验室的感官认知，管理学院在大学城校区文俊东楼举办实验室安全特色活动。管理学院何向副院长、郭成老师、徐昕老师、许红山老师、林寒老师，以及 2020 级各班代表人员参与本次活动。

本次实验室安全特色活动分为座谈会和参观实验室两部分。座谈会中，何向副院长解释了什么是实验室，讲述了实验的不同种类。郭成老师用清晰的时间轴图展示广州大学实验室的发展历程。徐昕老师用数据警醒同学们实验室安全隐患带来的危害，并且指出 68% 具有严重后果的实验室事故是人为因素造成的。最后，老师详细地讲解了实验室常见事故的预防及应急处置。

这场座谈会轻松又严肃，同学们会将所闻所思带回班级，促成同学们养成良好的实验习惯，牢记教训，警钟长鸣。

座谈会结束后，许红山老师、徐昕老师和林寒老师带领同学们参观各类实验室。科学智能的设施让学生得到专业的数据指导训练，更是大大减少老师与学生外出实操的次数，节时减费地达到训练目的。在实验室内随处可见警示和提醒标志，时刻提醒同学们要把人身安全放在第一位。

安全得之于众人之力，失之于一人之手。实验室的安全不只是老师的责任，更是每一个同学的义务！

（管理学院　新媒体宣传中心）

10 月 20 日　计算机科学与网络工程学院开展“思政第一课”授课

10 月 20 日下午，计算机科学与网络工程学院院长王捍贫以“人类命运共同体：和而不同，美美与共”为主题，为计算机科学与网络工程学院软件 203 班全体同学讲授新学期“思政第一课”，带领同学们深入学习领悟《习近平谈治国理政》（第三卷）的丰富内涵和精神要义。

首先，王捍贫院长对《习近平谈治国理政》（第三卷）进行了系统全面的介绍，从“为世界谋大同”的情怀阐释了习近平新时代中国特色社会主义思想的人民情怀、民族情怀、国家情怀和世界情怀，并着重介绍了“人类命运共同体”这一概念的提出、发展和重要意义。

同学们对人类命运共同体的核心理念“和而不同”有了更深一层的理解，他们表示要努力学习，创建良好的学风和班风，争做优良学风班和优良学风标兵班。

随后，王院长把《习近平谈治国理政》（第三卷）赠送给同学们，同学们表示，今后将加强理论学习，努力成为“德才兼备、家国情怀、视野开阔，爱体育、懂艺术，能力发展性强”的新型人才。

（计算机科学与网络工程学院　学工办）

《习近平谈治国理政》（第三卷）赠书仪式

10月26日　音乐舞蹈学院学生与第一班主任吴开俊副校长交流

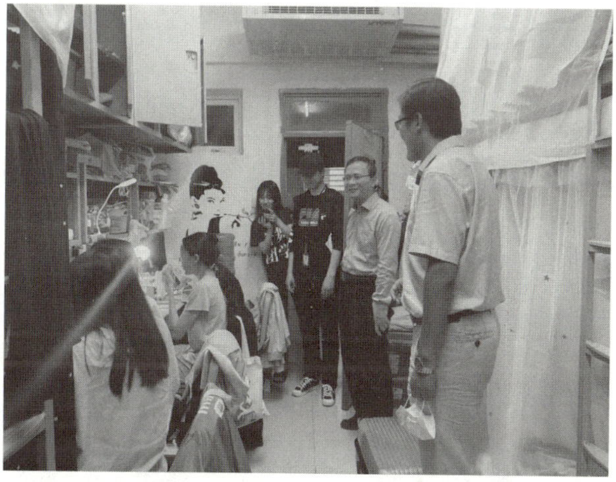

同学们与吴副校长分享生活与学习情况

一天的课程结束了，10月26日的傍晚，音乐舞蹈学院舞编201班迎接第一班主任吴开俊副校长、学院党总支周云副书记、班主任彭友庆老师、辅导员李姝萱老师的到来。吴开俊副校长亲自来到宿舍了解同学们的学习生活情况，对宿舍安全、卫生、物品摆放等宿舍生活方面提出建议，也给同学们送来亲切的慰问与殷切的期盼。

同学们和吴开俊副校长分享了学习和生活等各个方面的情况，并向吴开俊副校长询问了有关专业学习、住宿、就餐等各方面的疑问。吴开俊副校长进行了详尽的解答，特别叮嘱在疫情防控常态化的情况下要继续加强防护、合理饮食、注意身体、多做运动。

音乐舞蹈学院的同学们表示，会做好大学生涯规划，好好利用大学四年的时间，努力夯实专业基础，丰富知识，开阔眼界，以广大二十四字人才培养目标作为前进方向，通过自身的努力让梦想之花绚烂绽放。

（音乐舞蹈学院　学工办）

10 月 27 日　四院联合第三期青年马克思主义者培养工程开班仪式

在校团委的统筹指导下，围绕学校建设高水平大学、努力培养“德才兼备、家国情怀、视野开阔，爱体育、懂艺术，能力发展性强”的高素质创新人才的目标，机械与电气工程学院联合教育学院、化学化工学院及环境科学与工程学院，开展青年马克思主义者培养工程，招收 40 名培养对象。本次活动由组织部负责开展，活动得到了大学生骨干、团干部、青年知识分子等青年群体的热烈响应。

“青马工程”旨在通过教育培训和实践锻炼等行之有效的方式，不断提高大学生骨干、团干部、青年知识分子等青年群体的思想政治素质、政策理论水平、创新能力、实践能力和组织协调能力，使他们进一步坚定跟党走中国特色社会主义道路的信念，成长为中国特色社会主义事业的合格建设者和可靠接班人。本次四院联合第三期青马班开班仪式取得了圆满成功。相信所有青马班学员都能够在这个班级中得到提升，相信在今后的课程中他们一定能更加努力地学习，在学习和实践中提升自己的综合素质，肩负起爱国使命和青年马克思主义者的重任。

（机械与电气工程学院　萧柔燕）

四院联合青马班开班仪式现场

10 月 27 日　计算机科学与网络工程学院开展团体心理辅导活动

为了关注大学生心理健康状况，进一步提升同学们的心理素质，引导同学们正确处理人际关系，更好地适应大学新生活，10 月 27 日下午，计算机科学与网络工程学院在电子信息楼架空层开展了团体心理辅导活动。本次团辅活动先由辅导小组成员培训班干部，班干部熟悉如何在心理健康方面帮助他人后，再由学院组织班干部依据流程辅导本班学生，辅导小组成员随行指导，共同携手促进计算机学院学生心理素质的增强。

在活动最后的总结环节中，同学们互相交流心得体会，互相学习，探讨从活动中掌握的人际交往技巧和解决人际冲突的办法。辅导小组成员对本次活动进行了总结，各班班干部都表示有所收获。

本次面向班干部的团体心理辅导活动到此圆满结束，心理健康问题越来越常见，这需要我们持续关注。各班的班干部接受培训后，也会在班级组织各种形式的团辅活动，帮助同学们更好地适应大学生活，提高同学们的心理素质，保持同学们身心健康和乐观向上的心理品质，促使同学们更好地投入学习和生活中去。

同学们相互配合解开千千结

10月27日　公共管理学院“回归学堂”第10讲开讲

10月27日，广州大学博学讲坛、第十六届学术科技节之“回归学堂”第10讲——“紫禁城：从皇宫到博物院”在腾讯会议和B站直播平台同步开展，特邀故宫博物院故宫学研究所所长、研究馆员章宏伟主讲。活动由广州大学公共管理学院党委书记刘向晖主持，公共管理学院院长陈潭、党委副书记何瑞豪作为嘉宾出席了此次会议。据平台统计，共有12.4万名师生聆听了此次线上讲座，跟随章教授一起探索隐藏在故宫里的故事。

会议伊始，刘向晖书记介绍了出席本次会议的嘉宾，陈潭院长进行了开场致词，对章教授的到来表示欢迎，同时希望同学们增加对故宫这一民族文化瑰宝的了解，从中华优秀传统文化中汲取力量。

章教授用诙谐幽默的语言拉近了历史人物与同学们的距离，介绍了紫禁城的古今往事，让大家身临其境。讲座过程中，章教授向大家介绍了历史上与故宫相关的三个重要人物。首先是摄政的末代皇太后——隆裕皇太后。摄政多年的隆裕皇太后选择了签署逊位诏书，避免了清朝与革命军的战争对紫禁城建筑群造成破坏。其次是北京政变的重要发起者——冯玉祥。他发动的北京政变将末代皇帝溥仪驱逐出宫，昔日皇帝居住的禁区——紫禁城由此变为向百姓开放的故宫。最后一位重要人物——李煜瀛，他是故宫博物院的创建人之一，为紫禁城转变为故宫博物院做出了巨大贡献。

故宫守护了国人数百载的记忆，讲座的结束不代表探索的止步，它会激发更深层的热爱，并让学子们怀着这份热爱永不停歇，勇往直前！

（公共管理学院　学工办）

线上讲座互动环节

10 月 31 日　土木工程学院双代会圆满召开

在学院党委、校团委和校学生会的重视与关怀下，在学院团委及各部门的具体指导和大力支持下，共青团广州大学土木工程学院第九次代表大会暨广州大学土木工程学院第十一次学生代表大会（简称“双代会”）于 2020 年 10 月 31 日上午在图书馆讲学厅顺利召开。

双代会全体嘉宾、代表、候选人合影

本次大会听取委员会报告，投票选举共青团广州大学土木工程学院第九届委员会委员和广州大学土木工程学院第十一届学生委员会委员。

庄严的国歌演奏过后，本次会议正式拉开帷幕。校团委志愿实践部部长肖逸老师代表校团委致开幕词，学院团委书记叶明娟老师向大会汇报了共青团广州大学土木工程学院第八届委员会的工作开展情况。院学生会执行主席胡泽楷同学在会上汇报了广州大学土木工程学院第十届学生委员会的工作情况。

此次大会选举出共青团广州大学土木工程学院第九届委员会委员 11 名、广州大学土木工程学院第十一届学生委员会委员 13 名。

在全体代表的审议表决下，大会通过了《共青团广州大学土木工程学院

十
月

第九次代表大会暨广州大学土木工程学院第十一次学生代表大会关于共青团广州大学土木工程学院第八届委员会及第十届学生委员会工作报告的决议》。最后奏唱团歌，大会正式闭幕。

双代会秉承公平、公正、公开的原则，全程规范有序，所有委员均由代表无记名投票产生，不仅保证了选举的民主性，培养了同学们的社会责任感，还让同学们体验到行使公民权利的责任感与使命感！

（土木工程学院　团委秘书部）

我们的大学

November 十一月

11 月　音乐舞蹈学院获广东省第六届大学生艺术展演第一名

11 月，广州大学音乐舞蹈学院粤音合唱团演奏的《Весенние воды》《春夜喜雨》与民乐团演奏的《龙腾虎跃》在广东省第六届大学生艺术展演中分别获得声乐类作品与器乐类作品专业组第一名。

这次比赛是粤音合唱团和民乐团每位团员的一次美好经历。经过了将近 300 个小时的辛苦排练，最终的成果在大艺展的舞台上得到了很好的呈现。合唱团的两首歌曲极其考验成员的音域、音准和气息；民乐团的器乐合奏对节奏变化的控制有极高要求，也非常考验大家的器乐基础与技巧。在黄颖仪、弓丽、姚卉等老师夜以继日的悉心指导下，以及同学们不分昼夜的辛勤排练下，学院的作品最终在比赛中脱颖而出，取得了优异成绩。

（音乐舞蹈学院　学工办）

粤音合唱团比赛后合影

11 月 1 日　经济与统计学院竹苑 1 栋“五室一站”开展《习近平谈治国理政》学习活动

为鼓励广大党员、预备党员积极学习习近平总书记在领导推进新时代治国理政的实践方面发表的一系列重要论述和许多具有原创性、时代性、指导性、国际性的重大思想观点，11 月 1 日，经济与统计学院竹苑 1 栋“五室一站”联合党建办开展《习近平谈治国理政》系列读书活动，学院辅导员石红梅老师出席此次活动，与大家共同学习《习近平谈治国理政》（第三卷）内容。

首先，学生党员依次上台分享自己对《习近平谈治国理政》的学习与见解，并和大家就学习中遇到的疑惑展开讨论。石老师在最后总结中指出，作为党员，不管是在学习上，还是在学校、学院组织的各项活动之中，都要积极发挥好模范带头作用，做好表率；积极主动关心国家大事，努力学习习近平新时代中国特色社会主义思想，奋发进取，为祖国发展贡献力量。

此次活动旨在形成学生党员学习《习近平谈治国理政》的浓厚氛围，并内化于心，外化于行，用科学的新思想武装头脑，指导学习，锐意进取。以知之深推动行之笃，用行之实促进知之更新，贯彻落实《习近平谈治国理政》中强调的知行合一，不断提升自我。

（经济与统计学院　竹苑 1 栋“五室一站”）

学习《习近平谈治国理政》（第三卷）读书活动现场

11月3日 “承五校荣光 展青春风华”广州大学举行第四届师生环校跑

2020年11月3日下午，广州大学举行第四届师生环校跑活动。校党委书记屈哨兵、校党委副书记聂贵新、副校长孙延明，以及1 700余名师生代表参与本次环校跑活动。

本次环校跑活动为学校合并组建二十周年系列庆祝活动之一。活动伊始，街舞协会的同学表演了街舞《Burn Break crash》，啦啦操队的同学展示了《加油！AMIGO》，跳跃的音符演奏着青春的活力，动人的舞蹈展示着青春的风采，现场气氛热烈高涨。随后，师生们在工作人员的带领下齐做热身操，为环校跑做好充足的准备。

广州大学第四届师生环校跑

十一月

啦啦操队同学在表演

师生共热身

随着校党委书记屈哨兵鸣枪发令，第四届师生环校跑正式拉开序幕。参赛人员途经行政西楼、电子信息实验楼、计算机实验楼、何世杰体育馆及商业中心，最终回到起点处，全程共计约 2 500 米。本次活动形式分为个人赛和团体赛，参赛者需按指定路线及设定游戏环节完成比赛，在竞技的同时享受趣味与欢乐。活动现场，师生们活力四射，热情互动。大家纷纷表示，环校跑活动在校园内营造了朝气蓬勃、积极向上、热爱运动的氛围，同时让广大师生放松身心、锻炼身体，有利于构建和谐师生关系，激励师生为学校更稳、更快、更好的发展不断做出贡献。

屈哨兵书记鸣枪发令

正式开始环校跑

环校跑活动风采人物

据了解，校学生会面向全校学生组织开展了为期一周的活力健跑活动，深入践行广州大学人才培养目标中“爱体育”的目标理念，共庆学校合并组建20周年。

（校团委）

11月3日　马克思主义学院举行大学生团体心理辅导活动

为了让同学们增进彼此间的了解，通过团体互动更好地与朋辈交流协作，提高团队凝聚力，马克思主义学院于2020年11月3日晚，在梅苑6栋“五室一站”开展以“彼此相知，同舟共济”为主题的大学生团体心理辅导活动。

大学生团体心理辅导是一种在情境中提供心理学帮助与指导的重要方式。在“桃花朵朵开”环节中，所有同学围成一个圈并随着音乐走动。同学们根据指令“抱团”，被淘汰的同学则向全体成员做一个简单的自我介绍。这不仅消除了新生之间的隔阂，同时给大家提供了展示自己的机会，增加了组员的熟悉度，活跃了气氛。在“解开千千结”环节里，同学们分小组围圈，左右手牵住身边组员的手，并听从指令打乱阵型，形成一个看似难以挣脱的“结”，由小组成员内部协商解开，通过类比解“结”的方式，让同学们学会换位思考，掌握积极沟通的能力，收获团队协作解决问题的喜悦。

此次团体心理辅导活动不仅让同学们认识了新伙伴，还培养了团队意识、团结协作精神。在一片欢声笑语中，“彼此相知，同舟共济”大学生团体心理辅导活动圆满落幕。

（马克思主义学院　学工办）

心理辅导活动合影

十一月

11 月 3 日　网络空间先进技术研究院联合阿里安全举办阿里安全课堂

2020 年 11 月 3 日，网络空间先进技术研究院联合阿里安全举办阿里安全课堂。阿里安全高级安全专家渡明、阿里安全算法专家刘翔宇、阿里安全高级算法专家越丰、阿里安全媒体安全负责人屏翰、阿里安全安全运营专家花姝，以及研究院顾钊铨教授、方班教研室主任王乐副教授、方班班主任鲁辉副研究员等参与了此次活动。本次阿里安全课堂围绕“安全 + AI + 电商场景”，吸引了 200 余名学生积极参与。

阿里安全算法专家、香港中文大学博士刘翔宇，分享了题为“人工智能在基础安全和业务安全中的实践和思考”的报告，以 AI 安全中的文本对抗与防御为主题，介绍了内容安全在阿里巴巴相关业务中发挥的作用，并且结合淘宝直播视频等案例讲述了如何防止不良厂家的违规盗版和不良用户的恶意差评。最后刘翔宇博士介绍了目前阿里安全在文本安全方面的侧重点和未来发展方向。

紧接着，阿里安全安全运营专家花姝为同学们详细讲解了“安全 AI 挑战者计划”赛事的相关信息，并且鼓励同学们大胆报名。参加比赛不仅可以了解数据安全的前沿技术，增加数据安全的知识，还能提前获得数据安全能力资质的认证，扩大自身的就业范围，并且有机会与业界的专家进行交流学习。最后，花姝以自身为例，建议同学们一定要主动学习，勇于试错，学会生活。

（计算机与网络工程学院　学工办）

阿里安全课堂在广州大学顺利举办

11 月 5 日　法学院成功举办“读原著、学经典、作表率”读书活动

为了响应广州大学“读原著、学经典、作表率”读书活动号召，进一步学习贯彻党的创新理论，营造读书氛围，法学院兰苑 1 栋“五室一站”于 2020 年 11 月 5 日在广州大学行政东楼前座开展红色经典书目导读活动。本次活动由马克思主义学院詹明鹏老师主讲，法学院党委书记刘文波、副书记钟日来等出席活动。

詹明鹏老师以《习近平谈治国理政》（第三卷）的第十三个专题“促进人与自然和谐共生”为主题，具体阐述了促进人与自然和谐共生的理念及其必要性。同时，他将理论结合实践，以广州麓湖公园生态系统建设和广州市正在进行的垃圾分类为例，使在场的老师们和同学们对于促进人与自然和谐共生都有了更深刻的体会和认识。同学们表示，通过詹老师的讲述，他们明白了人与自然和谐共生需要靠每个人从小事、从身边事做起，以此倡导绿色可持续发展理念。

最后，刘文波书记对本次读书活动进行了总结发言。他提出，本次活动的举办加强了师生之间、学院之间的交流互动，也使大家更深刻认识到人与自然是生命共同体，生态环境保护任重而道远。

同学们受益匪浅，纷纷表示，今后他们将牢固树立“绿水青山就是金山银山”的理念，倡导、践行绿色健康文明的生活方式，促进人与自然的和谐发展。

（法学院　林婷）

读书活动合影

同学们认真聆听詹明鹏老师的分享

11 月 7 日　电子与通信工程学院成功举办入党发展对象讲党课活动

2020 年 11 月 7 日，电子与通信工程学院党委邀请了市委党校王超教授为新一批入党发展对象讲授主题为“中国共产党的光辉历史”的党课。

同学们认真聆听王超教授的党课

王教授以“为什么要坚持中国共产党的领导”引入，从而引出了三个观点：“生的光辉、行的伟大、干的磊落”，然后由这三个方面展开讲述。

王教授分析中国近代的耻辱和隐痛，并提出了两个问题：“谁来改变中国的面貌？”“谁能改变中国的面貌？”这两个问题引发在场党员和发展对象的深思。同学们在王教授的引导下，得出了只有中国共产党领导的工人阶级才能改变中国被欺压的状况的结论。

紧接着，王教授展开对“行的伟大”的讲述。同学们感受到，通过党和人民不断地实践与努力，城乡人民生活发生了明显改善。

王教授还详细讲述习近平新时代中国特色社会主义思想。他引用习近平总书记说的“总结好改革开放经验和启示，不仅是对 40 年艰辛探索和实践的最好庆祝，而且能为新时代推进中国特色社会主义伟大事业提供强大动力”这句话，鼓励在场的党员和发展对象要“不忘初心，继续前行”。

电子与通信工程学院党委副书记谢玲老师为本次党课进行总结。通过本次党课，在场的入党发展对象表示受益匪浅，今后将坚定理想信念，认真学习“四史”——党史、新中国史、改革开放史和社会主义发展史，做到学史、知史和懂史，更加珍惜如今的幸福生活，好好学习，丰富自身的知识储备。

（电子与通信工程学院）

11 月 8 日　爱上思政课，做一名怀揣教育理想的师范生

讲座合影

根据新时代党和国家以德为先的教育现代化目标、对思想政治理论课教师素养的新要求以及基础教育改革发展的需求，马克思主义学院一直致力于培养学生的教学技能、激发教育热情。11 月 8 日，马克思主义学院副教授刘雪松老师邀请汤逸山老师为马院学子开展主题为“做一名怀揣教育理想的师范生”的讲座。

汤逸山老师从“师范梦”“思政梦”“教育梦”三个方面出发，向同学们分享其教育经历。汤老师谈道：“教学设计先要解读新课标，教学路径先行；形式上要创新又不失有效，结合时代热点，采用丰富的活动，从宏观到中观再到微观来挖掘知识，加强学生的学科素养，发挥思政课育人的功能，让学生有情怀理念、民族大任。”汤老师指出，思教学子不仅要上好思政课，还应该要有教育梦，成为一名立德树人的教师，更要有思政师范生的担当，承担起民族复兴大任时代新人的时代使命。教师除了学科育人，还要有活动育人、社团育人的意识，充分发挥教育的价值，真切参与到学生的活动当中，做到“眼里有学生，心中有课堂”。

在师生互动环节中，同学们纷纷提出了新教材的研究、良好师生关系的构建等具体问题，汤老师也就教研路上如何研究新教材、如何与学生有效沟通给出了建议。

奋斗是青春最亮丽的底色，大学每一个任务都为成长留痕，每一次历练都为成长积淀。希望马院学子坚定教育理想信念，努力向成为有理想有担当的思政教师的目标前进！

（马克思主义学院　学工办）

11月10日　建筑与城市规划学院举办第三期“百书阅读　百场讲座”之“经典诵读与智慧人生”讲座

11月10日下午14：00，建筑与城市规划学院第三期“百书阅读　百场讲座”之“经典诵读与智慧人生——读《苏轼选集》”讲座在理科北楼305教室如期举行。学院党委副书记周世慧、团委书记林舒莹出席了本次活动。

本次经典诵读讲座的主讲人为新闻与传播学院的张爱凤教授，在她精彩激昂的演讲中，同学们走进大文豪苏轼的一生，感悟他诗文中所蕴含的人生真谛与魅力。

讲座伊始，张教授通过近期青少年自杀的事件引出“如何面对挫败和压力”这一主题，以此讲述大文豪苏轼的坎坷一生及其豪放派诗文，并激励同学们不要轻易放弃，要知难而上，勇往直前，努力绽放自己的光芒，超越自己。张教授用几个词语简单概括了苏轼的一生：政治失意、生活磨难、人格完善、境界升华，并讲述苏轼三父子的事迹，以此来说明一个道理：“苦难可能会把一个人淹没，但也可能成就一个人。”因此，张教授希望同学们可以学习苏轼豁达的人生观，不要轻易放弃自己，提升人生境界，多多开阔视野。

接着，张教授从家国情怀、人生哲思、挚爱真情三个出发点来解读苏轼的诗文。通过《江城子·密州出猎》的“会挽雕弓如满月，西北望，射天狼”，《定风波·莫听穿林打叶声》的“回首向来萧瑟处，归去，也无风雨也无晴”，《念奴娇·赤壁怀古》的“人生如梦，一樽还酹江月”等诗词，同学们可以感受到苏轼渴望报效朝廷的壮志豪情以及对人生的旷达之心。

参与中庭朗诵的师生合影

在最后一个环节中，参加讲座的同学们在中庭集体朗诵，共同为这次讲座画下有意义、圆满的句号。

张教授的经典分享让同学们感受到古代名家的豪情壮志，也让同学们能有机会更加深入地领略中华传统诗词的魅力，体会经典诵读对人生的智慧真谛。同学们都获益匪浅，并且学会用更加从容的态度面对生活，学会“诗酒趁年华”。阅读经典可开阔视野、成就自己以服务人民。

（建筑与城市规划学院　新媒体中心）

11月15日　日语专业学子在中华全国日语演讲比赛华南赛区获奖

2020年11月15日，外国语学院东语系日语专业学生余艳环参加第十五届中华全国日语演讲比赛华南赛区预赛，荣获三等奖，为学校赢得荣光。

第十五届中华全国日语演讲比赛华南赛区线上颁奖

由于疫情原因，本届演讲赛采用线上方式进行，分命题演讲和即兴演讲两部分。中华全国日语演讲比赛曾多次被中日两国政府列入“中日青少年友好交流年”“中日国民交流友好年”等系列活动项目之一，备受日语界重视。该赛事分为八个预赛区，其中华南赛区包括广东、广西、福建和海南四省，中山大学、暨南大学、广东外语外贸大学、海南大学等近30所高校参赛。

此次比赛由东语系外籍教师山中泉老师和张昕老师共同指导，学校实验中心张文和丘辉麒老师提供技术支持，同学们取得的成绩离不开指导老师耐心细致的辅导和严格的训练，以及日语专业全体老师的帮助。

（外国语学院　日语系）

11 月 18 日　公共管理学院举办第一班主任见面会暨经典百书阅读分享活动

11 月 18 日上午，广州大学公共管理学院第一班主任见面会暨经典百书阅读分享活动于桂花岗校区举行。校党委副书记、社会学 201 班第一班主任聂贵新，公共管理学院党委书记、社会学 202 班第一班主任刘向晖，公共管理学院院长、行政管理 204 班第一班主任陈潭与各班级同学一同分享阅读体会。新生班主任代表周利敏、张庆鹏，辅导员陈亚楠、谢言茜等老师参加见面会。会议由学院党委副书记何瑞豪主持。

何瑞豪副书记首先向大家介绍学院开展经典百书阅读系列推广活动情况，以视频形式展示成效与收获。无论是 14 天主题阅读活动学生发自肺腑的读书心得，还是“读友记”读书手账与思维导图活动的精美作品，都让在座师生赞叹不已。

随后，同学们就阅读经典分享心得体会。行政管理 202 班莫华锋认为，经典百书带给他的是不同的世界以及看待世界的多彩视角，也让他体会到不同文明下相同的人性之光。行政管理 204 班陈慧姣表示，可以从经典名著中看见社会发展的缩影，体会作者希望传递的观念。

老师们也与大家分享阅读经历，畅谈做法与体会。陈潭院长分享了《乡土中国》的阅读体会，他认为这本书能帮助大家走进专业、理解社会，使大家了解过去和想象未来。他希望大家能做到从爱惜书到爱读书，再到乐读书，真正使阅读经典有目的、有意义、更快乐、更健康，共同营造书香学院、书香校园。

（公共管理学院　学工办）

见面会结束后，全体参会人员合影留念

11 月 20 日　电子与通信工程学院学生获全国大学生机械创新大赛全国一等奖

陆庚有与队友获奖后合影

11 月 20—22 日，2020“中铁工业杯”第九届全国大学生机械创新大赛决赛在成都西南交通大学落下帷幕。其中，电信 183 班陆庚有同学所在团队参赛作品《基于视觉技术的衣物识别和分类折叠系统》一路披荆斩棘，在与清华大学、西安交通大学、哈尔滨工业大学、华中科技大学等 120 余所高校 435 件决赛作品的激烈角逐中脱颖而出（广东省仅 4 件入围），斩获最高奖项全国一等奖，为广州大学参与该项赛事以来的最好成绩。

全国大学生机械创新大赛是由全国大学生机械创新设计大赛组织委员会和教育部高等学校机械基础课程教学指导分委员会主办，自 2004 年创办以来，每两年举办一届，现已成为国内最具影响力、机械行业内知名度最高、培养学生工程实践能力和综合素质效果显著的大学生竞赛项目之一，代表了全国大学生机械设计能力的最高水平。本届大赛决赛共评出一等奖 143 项、二等奖 238 项。

广州大学获奖团队学生全部为广州大学智能制造拔尖创新人才实验班成员。近年来，该班作为学校实施机械设计及其自动化、国家一流本科专业建设和新工科教育改革的主要基地，采取多学科专业交叉融合、全程项目驱动教学等创新人才培养模式，赛课协同、以赛促学、以赛促建，营造了良好的创新教育氛围，多名同学获得“挑战杯”全国一等奖、中国研究生电子设计竞赛全国一等奖等省部级以上竞赛奖项 50 余个，育人创新实践成效显著。

（电子与通信工程学院）

11 月 22 日　广州大学举行合并组建二十周年暨 2020 年迎新晚会

11 月 22 日晚，广州大学合并组建二十周年暨 2020 年迎新晚会在我校大学城校区北区田径场（副场）举行。校党委书记屈哨兵，校长魏明海，校党委副书记聂贵新，副校长张其学、郭兴蓬、吴开俊，校纪委书记龚红与校友代表，各部处相关负责人，各学院领导老师以及 2020 级新生共计数千人观看了晚会。

立足于展示学校合并组建二十周年的办学发展成就和“博学笃行、与时俱进”的精神传统，晚会融合歌舞、朗诵、戏曲、乐器演奏等丰富多样的艺术形式，努力讲好“广大故事”，传承发扬广大精神，以青春风采献礼广州大学合并组建二十周年。

晚会伊始，视频短片《奋进广大》带领全场追根溯源，回望我校合并组建二十周年以来的恢宏巨变，点燃全场的爱国爱校热情。2010 届校友罗中允指挥管弦乐演奏《广州大学赋》《新的天地》，音乐与朗诵相交融，抑扬顿挫、气势恢宏；社团风采展《青春广大》，由我校龙狮队、民舞队、街舞协会、武术协会带来精彩表演，各具特色的学生社团在舞台上施展才华，释放青春活力。

迎新晚会现场（一）

校老教工艺术团、学生艺术团舞蹈团、音乐舞蹈学院带来曲艺表演《颂》，戏曲与舞蹈同台绽放，凸显中华戏剧文化特色；广州大学广播台和配音大赛获奖选手表演广大版《声临其境》，通过对不同影片的四个经典片段进行配音，演绎了声音的独特魅力；音乐舞蹈学院舞蹈系带来男子群舞《陶醉》，用生动的肢体语言展现了中国传承千年的陶艺文化和薪火相传的工匠精神。

迎新晚会现场（二）

迎新晚会现场（三）

迎新晚会现场（四）

迎新晚会现场（五）

迎新晚会现场（六）

在经典传唱环节，goulee 学生社团传唱《一生一阕歌》《木兰辞》，用流行和说唱的元素歌颂木兰的坚强与勇敢；广州大学附属艺术学校带来国标舞《梦幻拉丁》，伴随着动感的音乐节拍，国标舞闪耀灵动，点燃现场氛围；张爱凤老师领衔的音诗画《广大精神咏流传》颂扬了身边的先进典型代表——坚守入党初心的老同志高志光、五十余载科技报国的周福霖院士、全国模范教师樊军辉教授和最受学生欢迎的马克思主义学院思想政治理论课教师团队，致敬所有广大精神的铸就者、传承者和实践者。

歌伴舞《和你说说话》，演绎精准扶贫为农村带来的可观变化；女子群舞《露·海酿》，用婀娜曼妙的舞姿、灵动的舞蹈语言，再现传承一千多年的鱼露制作工艺，弘扬岭南文化；音乐爱好者协会、吉他协会等带来摇滚串烧《我的大学》，他们用青春朝气的歌声歌颂母校，表达对广大的美好祝愿；一年一度的《广大新闻联播》，以轻松诙谐的语言，呈现广大过去一年的变化与成就，赢得现场阵阵掌声。

晚会最后，由校学生艺术团合唱团、音乐舞蹈学院合唱团共同合唱《不忘初心》《广州大学校歌》，奏响气势恢宏的序曲、唱响荡气回肠的歌声，全场人员跟随着音乐齐唱，共贺广州大学合并组建二十周年，共同迎接新的开始，书写新的篇章。

迎新晚会现场（七）

迎新晚会现场（八）

整场晚会以饱满的热情、鲜明的主题，充分展现了我校公共艺术教育的成果和广大学子的青春风采，既是学校人才培养特色的生动体现，也是对广州大学合并组建二十周年的精彩献礼。观看晚会的师生表示，学校合并组建二十周年取得了跨越式发展，他们深感自豪，接下来将不忘初心、砥砺前行，与广大一同成长、共创辉煌。

（校团委）

11 月 24 日 “读经典书，做书香人”经典百书朗诵比赛

在学校实施“文化涵养工程”背景下，化学化工学院大力倡导大学生阅读经典百书，打造书香校园。11 月 24 日 14：00，化学化工学院在青年活动中心举办“读经典书，做书香人”经典百书朗诵比赛。化学化工学院党委书记周海兵老师、副书记李睿贤老师，辅导员李燕兴老师、祝梦婷老师、许同晖老师及化院全体学生观看本次大赛，共有十支队伍参加比赛。

本次大赛以现场朗诵的形式进行，参赛选手将感情融于诗词中，品味前人留下的文化瑰宝，为现场观众带来了一场视听盛宴。

十支队伍选取了《沁园春·长沙》《九章·思美人》等经典诗歌，配乐朗读深有感触的片段。参赛者们声情并茂地朗诵，“独立寒秋，湘江北去，橘子洲头”，《沁园春·长沙》里的豪情壮志展现了革命年代青年的满腔热血。“纷郁郁其远承兮，满内而外扬”，《九章·思美人》带同学们走进屈原，体会他对君主的希冀，和那坚守节操的决心。“十二年通信数百封，两地传情”，《傅雷家书》中傅雷与儿子感情深厚，纵使相隔千里，心与心也近在咫尺。诵声朗朗，句句入情，或铿锵有力，或婉转柔情，朗读者们用那富有感情的声音带观众走进经典书籍的世界。

老师与全体参赛选手合影

活动过程中，周海兵书记根据各位参赛选手的表现，做出了总结：书中自有黄金屋，如何感悟生活，如何面对人生的种种疑惑，经典百书会给我们答案。

随后，各领导干部和全体参赛选手合影留念。

（化学化工学院　学工办）

11 月 24 日　广州大学第十六届学术科技节之物理科技节成果展顺利举办

11 月 24 日下午，由物理与材料科学学院团委承办，光信息协会、虚拟现实技术协会协办的广州大学第十六届学术科技节之物理科技节成果展在红棉路成功举办。

物理科技节成果展作为物理与材料科学学院的特色品牌活动，助力广州大学学生创新创业氛围的营造，把创新氛围落实到推动科技创新的具体实践中，通过“天文创新作品竞赛”“万众‘疫’心焊灯大赛”“VR 虚拟场景搭建大赛”“水火箭比赛”等系列竞赛，培养学生追求卓越、敢为人先的创新精神。

物理科技节成果展合影

成果展当天不仅设置了物理科技节系列活动的颁奖环节，还设置了摊位展示学生科技作品和物理实验，这些摊位包括光信息协会、虚拟现实技术协会、天文爱好者协会、物理与材料科学学院2020级各团支部。同学们可以通过各摊位的物理知识趣味小游戏体验物理学科的魅力。

本届物理科技节旨在提高学生的创新实践能力，向广大学子普及物理知识，培养同学们发现生活中的物理现象的能力，感受物理的魅力，为高水平大学建设和创新型人才培养助力！

（物理与材料科学学院　学工办）

11月28日　广州大学垃圾分类趣味知识竞赛成功举办

为积极响应国家对垃圾分类处理的号召，大力宣传垃圾分类工作，提高同学们对于垃圾问题的严峻形势的认识，培养同学们垃圾分类的习惯，广州大学数学与信息科学学院学生会学生权益服务部、团委学术科技部，联合化学化工学院学生会学生发展部及团委青年志愿者协会举办垃圾分类趣味知识竞赛。

活动分为初赛和复赛，分别以笔试和团队展示两种方式进行，最后由评委现场打分评出获奖团队。参赛选手通过比赛，一方面可以认识到垃圾分类的重要性与复杂性，另一方面明确了垃圾分类的标准，可以带动身边的人一起进行垃圾分类，为打造干净舒适的校园环境献出一份力量。

（数学与信息科学学院　吴朝基）

工作人员与嘉宾合影

11 月 30 日　美术与设计学院举行全校扎染公开课

美术与设计学院七彩人生服务队是一支具有美院艺术特色的公益服务队伍，为积极响应广州大学人才培养计划，围绕培养“德才兼备、有家国情怀、视野开阔，爱体育、懂艺术，能力发展性强”的人才培养目标，由七彩人生服务队牵头，以传承中国传统艺术文化为己任，特别进行一系列文化艺术活动，为广州大学全体师生提供亲近和学习艺术的机会。

美术与设计学院七彩人生服务队以培养“懂艺术”人才为目标，将面向全校师生开设扎染、彩绘和剪纸三门课程。通过授课、成果展和制作学员作品集等多种方式，丰富校园文化，让广大师生从多层面体验艺术，领略传统手工艺的魅力，并在课程中体验与学习传统技法，发掘和运用传统工艺所包含的文化元素和工艺理念，陶冶自身的艺术情操。

扎染是织物在染色时部分结扎起来使之不能着色的一种染色方式。按照设计的图案，用线或绳索以各类体例绑扎布料或衣片，然后放入染液中，绑扎处因染料没法渗透而构成天然特别图案。也可将成形的服装直接扎染，分串扎和撮扎两种体例。前者图案如同露水点点，娴静典雅，后者图案色彩对照强烈、活跃清爽。扎染的布料多选用丝绸，一般可用来做较为宽松的服装、领巾等。

（美术与设计学院　学工办）

同学们与自己的作品合影

我们的大学

December 十二月

12 月 1 日　地理科学与遥感学院举办地规 201 班师生座谈会

12 月 1 日下午，地理科学与遥感学院开展“紧抓机遇谋发展，夯实党建聚合力”座谈会。校党委副书记、地规 201 班第一班主任聂贵新，党办校办副主任唐勇，院党委副书记白鹤云飞，2020 级本科生辅导员林勇勇，地规 201 班班主任陈晓越，地规 201 班全体学生参会。

会议伊始，地规 201 班班长李汉声展示班级成果，陈晓越老师随之进行了班级情况的介绍。

接着，聂贵新书记提出六点寄望与要求：一是树立正确的人生价值观，形成适应新时代要求的思想观念、精神面貌、文明风尚、行为规范；二是广大师生应践行“德才兼备、家国情怀、视野开阔，爱体育、懂艺术，能力发展性强”人才培养目标；三是培养团队意识，提倡同学们积极地参与到团体活动中；四是紧抓机遇谋发展，贯彻尊重知识、尊重人才、尊重创造方针，深化人才发展体制机制改革；五是将学生工作放到首位，增强同学们的获得感、幸福感、安全感，营造友爱的校园氛围；六是夯实党建凝聚力，明确当代大学生的历史使命。

“紧抓机遇谋发展，夯实党建聚合力”座谈会现场

会议最后，学生们讲述开学以来的困惑，聂书记结合个人经历探讨这些问题，提出诸多解决办法。学生们通过此次座谈会，深刻认识到紧抓机遇谋发展的重要性，更明确自我的定位，树立正确的人生价值观。

（地理科学与遥感学院　许榆林）

12 月 2 日　美术与设计学院彩绘公开课开课

“彩传统之华，绘未来之歌”，美术与设计学院青年志愿者协会七彩艺设彩绘队的创意公开课于 2020 年 12 月 2 日正式开课。

主讲人生动地介绍了彩绘以及简单的作画步骤后，同学们很快进入状态，开始动手作画。此次活动为同学们提供了一个展示才华、展现想象力的舞台，充实了同学们的课余时间，拓展了同学们的艺术类兴趣爱好，也丰富了同学们的大学文化生活，提高了同学们的审美能力和艺术鉴赏力，营造了浓厚的艺术氛围。

在创意课堂的体验中，学生积极性强、参与度高、满意度高，取得了良好的推广效果。美术与设计学院依托学科优势，开设各类创意课程，经过专业教师和具有较高专业素养的专业学生的精准指导，让更多学生认识并关注艺术创意文化，有效发挥艺术创意文化方面的朋辈教育作用。

（美术与设计学院　学工办）

同学们与自己的作品合影

12 月 3 日　公共管理学院举行“师生面对面，阅读共成长”午餐会

12 月 3 日中午，公共管理学院“公管午餐”第 35 期在桂花岗校区五号楼南 201 课室举行。广州大学公共管理学院党委书记刘向晖，广州大学桂花岗校区管委会副主任璩银吉，学院副院长杨芳，学院辅导员陈亚楠和兼职辅导员马锐、谢言茜、叶绮丽以及部分 2020 级学生代表参加了本次“公管午餐”活动。

广州大学公共管理学院第 35 期“公管午餐”师生合影

活动伊始，曾同学提出了“大学期间要如何阅读”这一问题。杨芳院长认为，第一，好好把握大学阅读阶段；第二，要多阅读自己专业的书籍，提高自己的专业素养；第三，可以以专业书籍为基点，来扩大自己的阅读面；第四，在读书方法上，可以在书本上留下笔记，她认为这也是思考的过程，同时不要介意重复阅读。璩银吉主任也将阅读与广州大学的人才培养目标结合起来为同学们进行讲解，他强调应该在学习专业知识的基础上，扩大自己的知识面。另外，陈亚楠老师也鼓励同学们要多参加类似经典百书这样的阅读活动，提高自身素养。

谢同学则诉说了自己没有充足的时间阅读的烦恼。兼职辅导员马锐认为在学习的过程中，应该学会挤出时间来阅读，利用好碎片时间。

最后，刘向晖书记提到同学们进入大学后要学着改变一些不良阅读习惯，学会自主阅读、独立阅读。同时，刘向晖书记也鼓励同学们不断地积累经验，弥补短板。

在公管午餐活动中，不仅有暖胃的饭菜，更有老师们暖心的言语。在温馨的氛围中，本期“公管午餐”圆满结束。

（公共管理学院　学工办）

12 月 5 日 “细品经典·强国有我”多媒体课件制作大赛顺利举行

多媒体课件制作大赛现场

由教育学院（师范学院）承办的广州大学“细品经典·强国有我”多媒体课件制作大赛，历时近一个月后圆满落幕。大赛共吸引 19 个学院、286 支队伍参加，初赛选拔后，有 6 支专业组队伍与 6 支非专业组队伍进入决赛。值得一提的是，经过前期系列宣传，活动预告推文阅读量高达 3 692 次。

本次比赛提倡使用各类新兴媒体，以体味中华经典百书内涵为核心，将诵读经典百书活动和《习近平谈治国理政》（第三卷）在各类媒体中呈现出来。活动初期利用教育学院团委学生会公众号平台发布活动信息。邀请了本学院教育技术系杨阳老师为选手们进行赛前培训，初赛邀请了多名教育技术专业优秀毕业生、在职教师为作品初评，决赛分别邀请了教育技术系专任老师梁斌、黄琼珍、许易担任评委。

经多轮比拼，人文学院非专业组作品《青春之歌》和教育学院专业组作品《草船借箭》脱颖而出，摘得本次大赛桂冠。来自教育学院的《从军行·其四》等 4 个作品紧追其后，获二等奖。《走近〈诗经〉》等 6 个作品获三等奖。值得一提的是，此次大赛还设立了最佳创意奖和最佳人气奖，都由现场观众投票选出，鼓励参赛选手充分发挥想象力和创造力，制作出更多兼具实用性、教育性和艺术性的优秀作品。

（教育学院　学工办）

12月6日　广州大学学生团队在省第六届大学生艺术展演中斩获多项奖项

12月6日，由广东省教育厅主办的广东省第六届大学生艺术展演活动落下帷幕，广州大学取得令人瞩目的优异成绩，获得全省第六届大学生艺术展演活动优秀组织奖。学生团队在艺术表演类共获五项一等奖、两项二等奖和两项三等奖；高校美育改革案例共获一项一等奖、一项三等奖，艺术作品类共获一项二等奖、十项三等奖。

据悉，广东省大学生艺术展演活动每三年举办一次，由广东省教育厅主办，是广东省目前规格最高、规模最大、影响最广的大学生艺术盛会。活动旨在落实立德树人根本任务，深入推进素质教育实施，引领大学生树立正确的审美观念、陶冶高尚道德情操、塑造美好心灵，将社会主义核心价值观的培育真正在美育教育中具体化、生活化，提升学生的审美能力及素养。

本届大学生艺术展演以"奋斗·创新·奉献"为主题，展演活动项目分为四类：艺术表演、大学生艺术实践工坊、艺术作品、高校美育改革创新优秀案例，涵盖声乐、舞蹈、器乐、朗诵、戏剧、绘画、微电影等多个比赛项目。

在本届比赛中，广州大学学生在艺术表演类共获五项一等奖、两项二等奖和两项三等奖。其中校学生艺术团合唱团《货郎》《定风波》以及音乐舞蹈学院《龙腾虎跃》分别获声乐甲组（业余组）一等奖和器乐乙组（专业组）一等奖，并被省教育厅选送到教育部参加全国大学生艺术展演活动。校学生艺术团男声小组唱《美丽的夏牧场》和校学生艺术团管弦乐团管乐合奏《广东音画两首"淘童戏水""悦闹花城"》以及音乐舞蹈学院合唱《春夜喜雨》《Весенние воды》分别获声乐类甲组一等奖和器乐类甲组一等奖以及声乐类乙组一等奖。校学生艺术团舞蹈团群舞《露·海酿》和音乐舞蹈学院群舞《陶醉》分别获舞蹈类甲组和乙组二等奖。人文学院人文剧社戏剧《好好活着》和朗诵《致抗疫一线的无名英雄》分别获得甲组戏剧类和朗诵类三等奖。

在艺术作品、高校美育改革创新优秀案例比赛中，广州大学学生也获得佳绩，高校美育改革创新优秀案例共获一项一等奖、一项三等奖，艺术作品共获一项二等奖、十项三等奖。

自第六届大学生艺术展演活动开展以来，广州大学在严密做好疫情常态化防控的前提下，不断完善作品，奋力备战，开展了形式多样、内容丰富的校内文化艺术活动。此次参赛，充分体现了广州大学美育和校园文化建设的水平，展现了广州大学师生的青春风采和良好精神风貌，对提高广州大学学生的艺术修养、促进学生综合素质的全面发展起到了重要的推动作用。

（校团委）

合唱《定风波》

民乐《龙腾虎跃》

舞蹈《露·海酿》

12月6日 “探索结构奥秘 勾勒桥梁创意”第十三届结构设计竞赛圆满结束

12月6日14：00，广州大学第十三届结构设计竞赛“专业组”的比赛在何世杰体育馆隆重举办。

出席本次竞赛的嘉宾有土木工程学院副院长任凤鸣老师、党委副书记逄淑军老师、团委书记叶明娟老师。担任本次大会的评委有暴伟老师、刘长江老师、于志伟老师、熊明祥老师。

开赛前的模型展示赚足了赛场观众们的眼球，选手们个个摩拳擦掌，跃跃欲试。答辩环节中，各组选手带上精心制作的比赛模型，充分运用专业领域知识，认真回答评委老师提出的每一个问题。在加载环节中，选手们耐心细致地施加砝码。在最后的颁奖环节中，团委书记叶老师祝贺取得优异成绩的队伍，同时也鼓励其他队伍继续努力，在下次比赛中赛出水平、赛出风采。

选手们在结构设计大赛中充分展现出广大学子的创新创造能力、理论运用于实践的能力，将力学知识巧妙用于桥梁设计，真正做到了学以致用。在模型制作过程中，选手们也体会到了动手的乐趣，发扬了互帮互助、团结协作的精神，给观众们带来了精彩的观赛体验。土木工程学院的学子们将继续努力，开拓创新，谱写结构设计新篇章。

（土木工程学院 张思）

广州大学第十三届结构设计竞赛现场

12月8日　广州大学举行第三届中华经典诵读会

12 月 8 日晚，广州大学第三届中华经典诵读会决赛在演艺中心举行，历时三个月的诵读会圆满落幕。副校长吴开俊、相关职能部门负责人及各学院师生代表约 400 人观看本次比赛。本届经典诵读会同步进行了网络直播，直播观看人数覆盖全校 1 万余人。

广州大学第三届中华经典诵读会开幕

第三届中华经典诵读会（一）

经典诵读会旨在引领广大师生从中华优秀传统文化中找寻精神的力量，厚植爱国主义情怀，坚定文化自信。第三届中华经典诵读会由校团委与经典百书阅读推广中心主办，校学生会承办，新闻与传播学院协办。诵读会以“经典浸润人生，雅言传承文明”为主题，自九月份中旬启动以来，共有来自23个学院3 000余名师生积极参与，经过初赛选拔，11支队伍成功进入决赛，共同诵读经典、传承文明。

人文学院带来朗诵表演《爱在春天》，展现了一幕幕最美逆行者众志成城、抗击疫情的场景，歌颂了白衣天使奋战抗疫一线的伟大精神。建筑与城市规划学院的《夏日即事》，让观众在一片诗情画意中领略夏日的多样风采。外国语学院融合了朗诵、合唱、舞蹈、话剧、乐器演奏等多种形式的一篇《夏日南亭怀辛大》，呈现出爱国诗人孟浩然与知音辛大的真挚友情。土木工程学院用经典诗词展现榜样的力量，在铿锵激昂的诵读声中诉尽中华风骨，颂扬民族的《脊梁》。

美术与设计学院朗诵表演《苏幕遮·燎沉香》，将现代文与古文相结合，营造了一个意境悠远、美不胜收的夏日仙境，再现诗人思念故乡的场景。教育学院诵读《盛夏诗韵》，古风群舞同台共演，声情并茂的朗读声勾勒出了雷雨后万物清新的盛夏图景。在品味中华名篇中凝思历史、沉思时代，化学化工学院表演篇目《酒泉子·长忆观潮》，朗诵与情景剧相融合，展现时代弄潮儿英勇无畏的气概。马克思主义学院用朗诵、小剧场和舞蹈相结合的表演形式，呈现《桂枝香·金陵怀古》诗词中的历史内涵和壮丽景色。

体育学院将纵向的古诗词发展历史融入行云流水的舞剑表演中，激情澎湃地朗诵诗歌《秋辞》，传达了各个时代诗词名家们所表达的秋的意蕴。音乐舞蹈学院通过朗诵、器乐、舞蹈、书法，并融合戏曲的创新演绎方式，再现经典诗歌《白雪歌送武判官归京》中诗人的所见、所闻、所想，气势浑然磅礴，具有丰富的艺术感染力。管理学院诵读《湖心亭看雪》，展现了传承千年的赤子之心，体现了流淌在我们血液里的家国情怀。

11支参赛队伍悉数亮相后，由新闻与传播学院表演团队带来表演《华夏颂》。节目以英雄为寄托，歌颂了我国古往今来的英雄儿女，表达了对祖国的深深热爱。最后，到场嘉宾为获奖单位颁奖。音乐与舞蹈学院荣获一等奖；人文学院、外国语学院荣获二等奖；管理学院、美术与设计学院、教育学院荣获三等奖；土木工程学院、马克思主义学院、体育学院、建筑与城市规划学院、化学化工学院荣获优秀奖；新闻与传播学院荣获优秀表演单位奖。徐苾玥、邓田丰等五位同学获得优秀指导奖。

（校团委）

第三届中华经典诵读会（二）

第三届中华经典诵读会（三）

第三届中华经典诵读会（四）

第三届中华经典诵读会（五）

第三届中华经典诵读会（六）

第三届中华经典诵读会（七）

第三届中华经典诵读会（八）

第三届中华经典诵读会（九）

第三届中华经典诵读会（十）

第三届中华经典诵读会（十一）

12月8日　环境科学与工程学院老教师做“青年责任与担当”主题报告

12月8日下午，广州大学合并组建后的第一任党委书记、我校退休老教师陈万鹏同志，受邀为环境科学与工程学院的师生们做了一场以“把握时代主题，以立德树人为根本，努力创建中国特色高水平大学”的主题报告。

陈老师向与会师生介绍了广州大学合并组建二十周年的相关历史。从大学城选址到广州大学校区规划，再到广州大学的人才引进、学科力量的提升，广州大学呈现出继往开来、开拓创新、跨越式发展的新气象。

听完报告，同学们表示今后将做好“接力奋斗”的准备，要做爱国、忠于祖国、忠于人民的新青年；要做励志、立鸿鹄之志的奋斗者；要做求真学问、练真本领的求真者；要做知行合一的实干家。不断用广州大学24字人才培养目标来引领自己，不断锤炼，做一个听党话、跟党走，德智体美劳全面发展的社会主义接班人和建设者。

（环境科学与工程学院　吴海威）

报告会师生合影

12 月 15 日　化学化工国家级实验教学示范中心开放日成功举办

为充分发挥广州大学化学化工国家级实验教学示范中心的独特优势，让学生深入了解化学学科的专业魅力，培养学生学科交叉发展意识，共同探讨实验室开放新模式，“化学化工国家级实验教学示范中心开放日”活动于 12 月 15 日下午在生化实验楼顺利举办。本次活动共有来自化学化工学院、数学与信息科学学院、土木工程学院等共 43 名同学参与，其中非化学专业同学占比居多。

本次实验室开放日活动分为生化实验楼 234 室的化工专业实验室和生化实验楼 434 室的分析化学实验室两大专场，化工专业实验室的实验为润肤露、洗洁精的制作；分析化学实验室则是 DIY 暖手宝、蓝瓶子趣味实验，李树华老师和刘汝锋老师分别带领同学进行学习。老师们详尽地为同学们讲解实验原理、实验步骤以及安全注意事项，并耐心地解答同学们提出的问题。

同学们在认真听取了老师们的耐心讲解后，按照讲义上的实验步骤有条不紊地进行实验，参与的学生均可以在专业老师的指导下亲手制作化学产品，独立体验化学的魅力。活动的举办让更多非化学专业的同学们走进化学、感受化学、理解化学、热爱化学，同时为培养理论与实践并重、学科交叉融合意识夯实了基础。

（化学化工学院　学工办）

开放日现场

12 月 23 日　管理学院 MBA 项目荣获“2020 年度中国商学院最佳 MBA 项目 TOP100”及“2020 年度中国商学院特色 MBA 项目奖”

2020 年 12 月 23 日，*MBAChina* 与《经理人》杂志联合主办的 2020 中国商学院教育盛典在北京召开。盛典聚集了业内专家、全国知名商学院院长及杰出校友代表，围绕中国商科教育展开了主题演讲、评选颁奖、十大最受欢迎教授获奖代表发言、圆桌对话等活动。

教育部高教司原司长、中国高教学会副会长张大良先生应邀出席盛典并致辞，为获奖院校、组织和项目颁奖。广州大学管理学院 MBA 项目在本次盛会中荣获“2020 年度中国商学院最佳 MBA 项目 TOP100”以及“2020 年度中国商学院特色 MBA 项目奖”。

此次排名及奖项是由 *MBAChina* 与《经理人》杂志历时 8 个月，对来自全国各地区 200 多个参与评选的商学院项目的师资力量、教学管理、课程设置、学科融合、项目国际化、品牌影响力等做出全面客观评价后，以第三方身份发布。*MBAChina* 与《经理人》杂志作为第三方门户媒体，此次共同举办的 2020 中国商学院教育盛典在行业内有着强大号召力和影响力。管理学院 MBA 项目获此殊荣，表明了社会各界对其教育质量和成果的一致肯定。

（管理学院　新媒体宣传中心）

管理学院获得 MBA 项目奖

12 月 29 日　广州大学成功举办 2021 年管弦专场新年音乐会

12 月 29 日，广州大学学生艺术团管弦乐团在广州大学演艺中心举行广州大学学生艺术团管弦乐团 2021 年专场新年音乐会。

为营造浓厚热烈的新年节庆氛围，广州大学学生艺术团管弦乐团以精湛的专业表演、饱满的艺术热情，为观众们献上了一场精彩纷呈的音乐会。

音乐会共 16 个节目，在管乐一团带来的《雄鹰出击》中拉开序幕，激昂的旋律调动起听众的热情，让大家感受到音乐的力量。演奏曲目既有抒情浪漫的《七彩丹霞》，也有曲调欢快的《淘童戏水》，还有热闹欢乐的《悦闹花城》，更有融合多种音乐风格，给观众带来震撼体验的《Lion King》。同学们以饱满的热情为观众呈现了一场充满迷人的天籁之韵的精彩演出。

紧接着的是由管乐二团演奏的《蒙特高湾》，音乐的节奏铿锵有力，旋律平易近人，结束时仍觉余音袅袅，回味绵长；随后是《皇家进行曲》，曲子极具冲击力的同时又拥有优美的旋律，庄严优雅。

除了由管乐团带来的精彩演奏外，弦乐团也在舞台留下浓墨重彩的一笔。那是轻盈灵动，同时又兼具圆舞曲优雅的《Circle Dance》；是空灵优美，像一股甘泉，直击听众心灵深处的《Phantom》。

本场新年音乐会不仅是学生实践锻炼的舞台，更是一场鲜活的艺术宣传活动。在演出尾声，罗中允老师发表感言，引导同学们深化对音乐艺术的认识，同学们纷纷表示将不断提升艺术修养，唱响音乐之声，激荡青春力量。

（校团委）

广州大学 2021 年管弦专场新年音乐会开幕

广州大学 2021 年管弦专场新年音乐会（一）

广州大学 2021 年管弦专场新年音乐会（二）

广州大学2021年管弦专场新年音乐会（三）

广州大学2021年管弦专场新年音乐会（四）

广州大学2021年管弦专场新年音乐会（五）

12 月 31 日　经济与统计学院发起“经典百书 21 天阅读打卡”活动

11 月 1 日至 12 月 31 日，经济与统计学院党建办发起“经典百书 21 天阅读打卡”活动。该活动为期两个月，共两期，累计参与人数高达1 014人。同学们根据“红色书籍推荐目录”和“经典百书推荐目录”自选阅读书籍进行阅读，每天阅读完毕后在小程序中打卡分享读书心得感悟。

伴随“经典百书 21 天阅读打卡”活动的持续开展，参与人数越来越多，图书馆经典百书的借阅数量也随之不断增加，同学们相互推荐经典书籍、相互分享阅读感受，形成了良好的阅读氛围。

（经济与统计学院　党建办）

学生正在借阅经典百书系列书籍

我们的大学

学生风采：十佳学生

纪澄：眼盛星河，心向远方

纪澄，中共党员，环境科学与工程学院 2017 级环境工程 1 班学生，现任环工 171 班班长，曾任院学习部部长等职务。平均绩点专业第一，曾获国家奖学金、校一等奖学金、优秀学生等荣誉；科研能力突出，申请发明专利三项，发表 SCI 论文两篇、中文核心期刊论文一篇；积极响应创业号召，多次在省级比赛中获奖；曾作为学生代表赴浙江大学及西澳大学访学交流。她阳光开朗，乐于助人，疫情期间还曾成为广州市防疫志愿者。现以专业第一名的成绩保送国防科技大学，继续攻读硕士研究生学位。

纪澄在十佳学生评选会上演讲

德才兼备

“以学为基，持之以恒。”纪澄在学习上踏实刻苦，在 64 门专业课中，有 33 门获得班级第一，并曾获国家奖学金、高联勤学奖学金、优秀学生、全国大学生环保知识竞赛优秀奖等二十多个奖项。目前以专业第一的成绩保送至国防科技大学资源与环境专业攻读硕士研究生学位。

纪澄在采访中分享了她的独家学习经验：首先要树立一个目标。她解释：“只要你记得你的目标是什么，你就会一直往前走。”然后合理安排好学习计划，对每一门课都要制订好学习计划，期末考试至少提前两周开始复习。她还表示，学习和实践的一个很重要的连接点在于“想”，首先要想去做，才会有实践的动力；其次是敢于想象，提出猜想，在实践中求证，达到学以致用的目的。最后她总结说：“我们学生一定要多问、多看、多读、多做。”

“为民服务，责任在肩。”在学生工作方面，纪澄勇担学生重责，曾担任班长、院学生会学习部部长等 5 个学生干部职务，考核评定均为优秀。她还曾协助举办学风建设大会、考研分享会等十余项活动，对待工作认真尽责。

家国情怀

“知者行始，行者知成。”身为中共党员，纪澄坚持为人民服务，为国家服务。她怀揣着一颗乐于奉献的公益初心，在“挑战中国”的活动中为清洁工、安保等人员筹集了 4 000 元“温暖慰问金”。

“知行合一，学以致用。”纪澄积极响应国家的创业号召，于 2019 年“国际青年——可持续发展创新大会”中，其项目“新建城市排水系统”切合城市可持续发展的第 11 项目标，荣获创新大会一等奖。

“服务他人，奉献社会。”她积极主动地参与各项社会活动，奉献力量，累计献血 5 次，为“导盲犬入万家”活动奔走宣传。疫情期间，她还自愿成为广州市防疫志愿者，并捐款支持新冠防控工作。

纪澄认为，志愿活动主要的意义在于奉献。她一直都很喜欢参与各项志愿活动，认为参与志愿活动是一个“累并快乐着”的过程，她也希望大家都能在志愿活动中感受到快乐。

视野开阔

“读万卷书，行万里路。”纪澄对于成绩的追求和奋斗精神也延伸到她的学术交流中，她不仅专注于教材上的理论知识，还坚持行走在实践的道路上。纪澄曾作为广州大学学生代表前往浙江大学进行学术交流，比较两校课堂教学模式的异同，取长补短，相互借鉴。她还参观了国家重点实验室，在拓展眼界的同时树立了自己的深造目标。在西澳大学访学期间，她对比分析中澳环境治理间的差异，学习了商科、新闻类等知识，且被评为“中澳友好交流大使”。

对于学弟学妹如何能接触到外出访学机会的问题，她鼓励我们应主动向学校申请访学机会。她说：“机会，都是争取来的。等风来，不如追风，要把握好机会。机会不会主动送上门，只有自己去寻找机会，抓住机遇，才能真正获得成功。”

在这个大众创业、万众创新的时代，她积极响应国家自主创业的号召，与合作团队通过拍摄微视频建立了“绿境”公益环保项目，并在“2019 年互联网 +”创业大赛中获得省赛优胜奖，在 2020“挑战杯”创新创业大赛中获得省赛银奖。她表示在未来也将继续致力于宣传祖国的绿水青山。

爱体育，懂艺术

由于对旅游的热爱，纪澄在“读万卷书”的同时，也一直“在路上”。她登过 5 000 米的雪山，也踏过荒芜的无人区；走过千山万水，也见过璀璨星河。

她不仅爱体育，还懂艺术。她德艺双馨，在党支部红色经典配音大赛中荣获一等奖，还曾在经典百书“朗读者”比赛中荣获二等奖。拉得一手好琴的她，在 2017 年作为学生代表参与了环境科学与工程学院迎新晚会的演出，并于 2019 年在环境科学与工程学院毕业晚会上进行了弦乐演奏。

能力发展性强

“披星戴月，求索不止。”在科研方面，纪澄也不甘示弱。从大一开始，她就进入苏敏华老师的课题组，重点从事含放射性元素废水的处理。没有经验的她从零开始，利用课余的点滴时间奔波于各实验室。在这期间，她经历过失败，但她没有放弃，而是一直在坚持，最终赢得硕果累累——发表了两篇 SCI 论文、中文核心期刊论文一篇、申请发明专利三项。

同时，她表示在未来也会一直在“环境”道路上走下去，在“军事环境学”领域里继续乘风破浪。她用自身的经历告诉我们：一定要坚持，坚持下去，最终肯定会有收获。

除了科研方面，她在言语写作领域也大放光彩。在学业与科研之余，她热爱阅读，对各类书籍都有所涉猎。同时，她还考取了普通话二级甲等证书，并在多场校辩论赛中荣获“最佳辩手”称号，撰写过多篇采访稿和新闻稿，累计阅读量超过 5 000。

“通力合作，共同奋斗。”纪澄的团队合作组织能力也十分突出，在全国大学生环境仿真创新大赛中，她带领团队取得了一等奖的好成绩；她还带领团队参与社会职业调查，撰写的行业调查报告被认定为优秀作品。也凭借着这股合作力，她和她的舍友互帮互助，共同进步。她宿舍三人成功保研，四年里获得各类奖学金共 8 万余元。

在采访中，纪澄多次强调了目标的重要性。她从入学初就将十佳学生设为目标，以二十四字人才培养目标——“德才兼备、家国情怀、视野开阔，爱体育、懂艺术，能力发展性强”作为自己的行为准则，在大学三年里不断朝着理想前进，最终到达成功的彼岸。即使如此，她也从不停歇，她说，从今天起，她也将收拾行装，重新出发。

陈晓兵：身残志坚，奔赴辽远

陈晓兵，共青团员，土木工程学院给排水科学与工程171班学生。连续两年平均绩点专业第一，在学科竞赛中摘金戴银，主持立项国家级创新项目，在文化竞赛中屡次获奖；在2017—2020年，共获四次国家级奖学金和两次校级奖学金，荣获“中国大学生自强之星”“广州市优秀共青团员”等荣誉称号；担任班级学习委员，助力班级多次获评“优良学风班”称号。他乐于助人，热心为学生服务，积极参加助残、义教、探访老人志愿活动，努力用行动回报社会。

陈晓兵在十佳学生评审会上演讲

身愈残，志愈坚

从出生起，陈晓兵便身患残疾，他丧失了大部分运动能力，还需要助听器常伴。陈晓兵的成长路上有很多困难，但他并没有因此退缩放弃。他在十佳学生评审会的演讲中说：“肢体的残疾没有束缚我与命运搏击的力量，听力的残疾没有约束我自由地绽放。”他努力战胜自己身体上的困难，学着鼓起勇气与他人交流。他坚信只要努力学习，让自己变得更强，就能够逐渐得到他人的认可。

陈晓兵的努力奋斗换来了同学们和学长学姐的一致好评，但他也曾怀疑过自己。大一的他在部门勤勤恳恳地工作，但竞选部长失败了。他一度认为是自己能力不足才导致竞选失败。但后来几位部长专门找他谈心，使他了解到背后的原因：怕工作强度太大他吃不消，为他着想，才最终做出了这样的决定。在极其认可他的同时，也希望他可以继续保持工作时那颗热忱的心，在自己的学业上发光发热。他说，他们在他遇到困难时，部长们的鼓励给予了他很大的动力，让他能够继续坚持，为未来奋斗！

在克服困难的路上，陈晓兵拥有许多良师益友，在他迷茫时给予他很大的帮助，让他重拾信心，砥砺前行，一次又一次劈波斩浪，逐渐磨炼出自强不息的顽强毅力、乐观向上的积极态度，以及吃苦耐劳的精神品质，最终让他站上了十佳学生评审会的舞台。

提升自我，事在人为

陈晓兵牢记广大的 24 字培养方针，积极参加比赛活动，不断提升综合能力，淬炼精神品质。他在专业竞赛中不断拓宽自己的专业知识面，在辩论活动中开阔视野、增长见识，在人文竞赛中增强自己的人文素养，在创新活动中培养自己的创新能力，在党课培训中提高自己的思想觉悟水平……通过这些比赛活动，陈晓兵积累了许多经验，逐渐丰富自己的阅历，成为更好的自己！

陈晓兵一直相信“事在人为”。他做事踏实，一步一个脚印，对待每一件事都最大程度倾注了自己的热情与努力。他认为，一件事情能否做成，不在于它的难易，也不在于是否有良好的先天条件，而在于只要有想法并愿意努力付诸实践，就一定会有回报。如果只是空想不做，怎能抵达成功的彼岸呢?

当问到初入大学对四年后的自己抱有怎样的憧憬时，他的回应是首先要适应大学的生活。“当迈入了大学，一切都变得‘新鲜’起来，而我必须尽快学会适应，融入多彩的校园生活中，然后从各方面发展并提高自己的能力，并做出力所能及的事。”

脚踏实地，砥砺前行

学习最重要的是脚踏实地。没有哪朵鲜花的盛开不用经历风霜雨雪，没有哪把利剑的出鞘不用经过千锤百炼。只有脚踏实地，才能海阔天空！

在学习上，学会自学。陈晓兵建议同学们，在课前要做好预习工作，并做好相关笔记，在课堂上紧跟老师思维，积极提问，课后总结笔记、认真做题。

他表示：“要相信自己的能力，通过这样的流程，按部就班，就能考出好成绩。”

劳逸结合，奋勇前进

学习如此繁忙，压力大、劳累不可避免，学会劳逸结合能够更好地进行学习工作。

在这方面，陈晓兵建议同学们早睡早起，保持良好的精神状态学习。良好的精神状态，是做好一切工作的重要前提。作为新时代的青年，我们需要有昂扬奋进的精气神，要保持“永不懈怠、奋勇前进”的精神状态。同时要学会把握好时间，分配好任务，让自己的学习与生活有一个良好的规划。如此，也就不会时常出现焦头烂额的现象，压力自然也就下降了。此外，参加部门活动也是一种极好的方式。他还鼓励同学们多运动来排遣压力。在运动缓压的过程中，一方面能够锻炼增强自己的体质，另一方面还能促进与同学或同事们的友谊。

铭记于心，共同荣誉

当谈到令陈晓兵印象深刻的事情时，他特别提到了关于竞选十佳学生的经历。他感慨道：“在我看来，这是我大学获得的难度最大的一个奖。”在那段席不暇暖的日子里，他不仅功课繁忙，学院任务不胜枚举，还要在极短的时间内准备好所有的材料，练习不太熟练的演讲。在这个过程中，老师和同学们对他的帮助使他铭记在心、难以忘怀。

“当时我的压力特别大，但我的老师和舍友们都十分热心地帮助我、给我支持，使我心中充满感动，有不断前进的动力，所以我非常感谢他们。”在他准备好所有材料要演讲前，学院老师热心地帮忙修改演讲稿、找自习室让他练习演讲、不断地指导，最终完成演讲稿的改进；在他做 PPT 时，舍友不辞辛苦地帮忙修改、陪他改到凌晨三点半；在竞选前，老师、同学更是不断地帮他拉票、给予鼓励。“正是他们构成了我坚实的后盾，使我能够勇往直前。”他表示，这段经历走下来，他最想说的就是感谢那些帮助过他、陪伴着他的人。

“在我看来，我不是一个人在战斗，十佳学生这份奖项也不仅仅是我个人的荣誉，更是学院里每个帮助过我的人的共同的荣誉。”

以身作则，兢兢业业

除了自身学习成绩优异，陈晓兵在组织领导方面的能力更是突出。身为土木团学就业部的优秀部委，他参与并策划了许多学院的活动、积极地帮助部门里的人。他多次担任队长，在各项比赛中带领团队频频获奖。作为国家级创新项目的负责人，他致力于实验研究，目前已做出相应成果，项目正处于论文撰写和发表阶段。

陈晓兵也分享了在这方面的经验。他认为首先自己要有足够强的能力，只有自身能力强，才能让别人对你心服口服，进而就能自然而然地起到“领头羊”的作用。其次，还要以身作则。只有严于律己、恪尽职守，才能带领着大家走向更高的舞台。

永怀感恩，清澈明朗

陈晓兵经常投身于社会实践中，积极参加助残、义教、探访老人等志愿活动，他说，社会曾对我伸出援手，我亦努力回报社会。虽天生残疾，但这也使他有着远超常人的共情力和同情心，这让他不断充实丰富自己的人生。

懂得奉献与感恩也是陈晓兵值得广大学子学习的重要方面。生活不只眼前的学业，还有对他人无尽的爱与关怀。作为班级的学习委员，他带头学习，形成良好的学习风气，经常性地为同学们提供复习帮助和补考辅导，曾 2 次带领班级荣获“优良学风班”称号。

父母的养育，恩师的教诲，朋友的帮助，大自然的恩赐，时代的赋予让陈晓兵长成一棵树，开满一树感恩的花，花叶不败，感恩无终。

全力以赴，水到渠成

纵有千古，横有八荒，前途似海，来日方长。

在采访时被问及打算对广州大学同学说些什么时，陈晓兵真诚地表示，首先要学好专业课，以及高数英语之类的基础性学科。好好听课，注重课上效率！其次要积极参加各种比赛，不必过于关注结果，努力为之奋斗的过程才是真正的财富，蓦然回首时，就会发现，就是这些挑灯夜战之时擎起的道道微光铸就了如今优秀的自己。

除此以外，一定要重视时间规划。他说，如果现在的你正处于一个课不多、相对闲暇的阶段，请不要理所当然地待在所谓的舒适圈，大胆开拓、不懈学习才是永恒的正解。

素履以往，驶向远方

陈晓兵今年已经大四，他对于自己的专业有坚定的信心和愿景。经过前三年的系统化刻苦学习，陈晓兵连续两年绩点均为专业第一，极强的专业素养和厚实的专业功底让他决定要选择与给排水对口的工作。

他认为，对于就业，最为关键的前提就是要提升专业能力，他还将此形象地比喻为练熟“吃饭的工具”，方能架构属于自己的“水厂”。

对于未来，陈晓兵称自己更擅长于将目标细化，他说，漫漫人生，当代青年的成长之路会在无形中被划分为许多不同的阶段，在合适的年纪做合适的事使当代青年在面对无穷变幻的时代浪潮时得以立足。

正是因为陈晓兵深谙一步一个脚印地前行所带来的益处，积极地反馈成效，适时地调整计划，方成就了如今众人瞩目的校“十佳”。“百尺竿头，更进一步”，带着这种信念，陈晓兵踏实前行，行远自迩，在岁月的堤岸上走出了独一无二的风采！

林泽瀚：保持主动，无限追求

林泽瀚，中共党员，数学与信息科学学院信息与计算科学 171 班学生，现任班长。三年综合测评位列专业第一，曾获国家奖学金、广州大学一等奖学金，以及优秀学生等称号。

他共获得国际级奖项 3 项，国家级奖项 9 项，省级奖项 15 项，包括全国 IT 技能大赛总决赛国家二等奖，并曾作为获奖代表接受采访；作为一名党员，林泽瀚时刻牢记自己的使命，也曾作为优秀党员代表分享入党经历。曾任导生，悉心指导学弟学妹，并获得了广州大学“优秀学生干部”荣誉称号。他主动带领班级建设，班级获得了 2018—2019 学年的“优良学风班”以及 2019—2020 学年“优良学风标兵班”称号。他热心公益，累计参与无偿献血 5 次。

林泽瀚曾获学院新生杯篮球赛冠军，几年来一直积极参加学院举办的本硕博篮球赛、足球赛、院运会的 100 米田径项目；他多次参与迎新晚会表演，曾获得院诗词朗诵三等奖。今年，林泽瀚获得了北京师范大学、哈尔滨工业大学在内的九所高校及研究院拟录取资格，现被北京师范大学认知神经科学与学习国家重点实验室拟录取为硕士推免生。

学术追求

在大学期间，林泽瀚凭借自身的努力，三年综测专业第一，荣获国家奖学金、广州大学一等奖学金、优秀学生和学院全优生等荣誉。

大学生活不只有学习，但学习始终是大学的重中之重。林泽瀚在大学期间，花费了大量精力在学习和科研上，才有了如今耀眼的学术成绩。

学习不是漫无目的，而应该有所计划。从大一开始，林泽瀚就一直在探索、规划自己的未来，他在大学期间通过不断学习，增加新的目标，拓展眼界，最终确定自己的发展方向。他表示，只有正确认识自己，充分了解自己的发展路线，才能在大学四年不虚度光阴，有所作为。

在分享学习经验时，他表示，上课认真听讲，把知识弄懂是最高效的学习方法。林泽瀚谈到自己学习知识时会分三步走：一是严格做到课前预习；二是课上进行知识吸收；三是课后复习。他说，自己还会通过做题、设计小游戏等方式来检验自己的阶段性学习成果。

在谈到学习动力时，林泽瀚称自己对高考成绩并不满意，开学前便认为自己在大学期间应该比别人做更多事情，以弥补自己在高考上的遗憾。可以说，“高考失利”这件事一直在鼓励鞭策着他不断前行，使自己离梦想更近一步。

科研追求

林泽瀚竞赛成绩优异，在大学期间共获得国际级奖项 3 项，国家级奖项 9 项，省级奖项 15 项，在全国算法挑战赛中获得季军、金奖，在全国 IT 技能大赛总决赛中获得国家二等奖，并作为获奖代表接受采访；他多次代表学校参加 ACM/ICPC 国际大学生程序设计大赛亚洲区域赛，获得第十一届蓝桥杯软件类省一等奖、全国数学挑战赛二等奖、宁夏第六届大学生数学建模竞赛三等奖，他还通过钻研数论知识，将计算机算法应用到组合数学中，高效解决了一类组合数学问题，并将此成果写成论文发表在国际期刊上。

林泽瀚在多个竞赛中取得了优异的成绩，不仅是他对编程类、程序设计类竞赛的兴趣使然，其背后更是包含了他的不懈奋斗。从大一大二开始，林泽瀚便主动跟随师兄师姐学习交流竞赛经验，在竞赛之旅中，即使遇到困难与瓶颈期，他也保持着乐观的心态，坚毅又耐心，从不丧失自信。正是由于这样严格地要求自己，他才有了参加比赛的自信，并获得了多项荣誉。

林泽瀚与团队成员参加中国大学生程序设计竞赛

林泽瀚印象最深刻的一次科研竞赛是大二时的 ACM 校赛。在比赛中，他分配到的电脑有些故障，前半场比赛成绩不太理想。他说，当时的成绩，可能连大部分新生都能轻松超过他，但即便如此，他仍保持着乐观与自信，在后半场他迅速调整自己的心态，并未轻言放弃，而是全力以赴，最终在比赛中获得了一等奖。

与大多数人一样，林泽瀚并不是在儿时就对科研竞赛有清晰的概念，也不是在大一就定下了立志钻研的目标，而是通过在大学不断学习，开阔眼界，不断追求更广阔的平台，最后找到了自己的发展方向。我们可以发现，其实科研与竞赛并没有离我们非常遥远，在通过不断学习与积累后，我们也会有机会像林泽瀚一样获取属于自己的努力成果。

在采访中，林泽瀚直言，自己并不会一味地为了追求奖项而盲目参加竞赛，而是会选择与自身发展方向契合以及感兴趣的竞赛。兴趣是最好的老师，保持着强有力的主动性，林泽瀚抓住每一个提升自己的机会，不断积累，才有了如今的成果。林泽瀚说："从不断的竞赛经历中，自学能力获得了有效的提升，也让自己有了更大的能力去学习更多的内容。"他说，这便是他在竞赛中最大的收获。

发展追求

林泽瀚不仅在学业和科研方面做出了一定的个人成果，更是一名实实在在的、符合广州大学人才培养目标的新青年。林泽瀚在大学期间担任了信计 171 班班长、信计 191 班导生。由于工作认真负责，他获得了广州大学"优秀学生干部"荣誉称号。班级建设方面，他带领班级获得了 2018—2019 学年"优良学风班"称号和 2019—2020 学年"优良学风标兵班"称号。

林泽瀚认为，提高班级凝聚力的关键在于促进学生之间的相互交流，多组织班级活动，使同学们融洽相处；也在于班委的协同合作以营造良好学习氛围，从而促使全班同学共同进步。

此外，林泽瀚还热心公益活动，他曾参与无偿献血 5 次（累计全血 500mL，成分血 3 单位）和各种志愿活动，并在 2019 级新生入党启蒙大会中作为优秀党员代表分享入党经历。

在生活中，林泽瀚更是一个"爱体育、懂艺术"的人。他曾获新生杯篮球赛冠军，同时积极参与学院举办的本硕博篮球赛、足球赛以及院运会田径项目，并取得不错的成绩。他多次参与迎新晚会，曾获院诗词朗诵三等奖。在他看来，学习也要劳逸结合，这些活动既能锻炼身体，又能愉悦身心，还可以结识新朋友，何乐而不为呢？

人生展望

林泽瀚一直践行着广州大学人才培养目标中“能力发展性强”的要求。即使已经获得多个竞赛奖项，他依旧没有止步于既得的荣誉，而是不断追求更高的目标。今年暑假，林泽瀚参加了各校举办的夏令营，凭借其突出的专业能力，获得了北京师范大学、哈尔滨工业大学在内的九所高校及研究院的拟录取资格，现被北京师范大学认知神经科学与学习国家重点实验室拟录取为硕士推免生，未来他将进入北京师范大学世界顶尖的认知神经科学团队，从事多种交叉学科的研究。林泽瀚称，在他过去的道路上，有困难亦有欢乐，然而学海无涯，行不止于此，他依旧会在接下来的人生旅程上保持主动，无限追求。

钟金娴：内心有目标，朝着目标行

钟金娴，公共管理学院17级社会工作专业本科生。她保持前3年总成绩专业排名第一的佳绩，曾获得“讲述大学生的故事”征文比赛全国二等奖、第十五届“挑战杯”省级一等奖、大学生英语竞赛二等奖、国家奖学金和校一等奖学金等20余个奖项；获得广州大学学生“增强综合素质”先进个人和“视野开阔”十佳个人的称号，多次荣获广州大学“优秀团员”“优秀学生干部”“优秀学生”等称号；在任职学院学生会主席期间，带领组织获“红旗学生会”“最佳展示奖”等荣誉；收到CSSCI来源期刊用稿通知，论文发表于中国工运类核心期刊。

钟金娴在十佳学生评选会上演讲

关注边缘群体的需求，助人自助

钟金娴自高中时起，便开始关心公益活动。对于钟金娴来说，热心公益，服务他人，不仅是她专业上的要求，更是她自己内心的愿望。钟金娴曾以精神康复项目实习生的身份，前往脑科医院参加“社区共融活动”；在疫情暴发初期，与热心公益的小伙伴一起为环卫工人筹集防疫物资；主动加入“社工伴行”志愿团队，担任国内居家陪护志愿者，不畏困难，学以致用，深入湖北一线。

“为社会贡献，为边缘群体发声，助人自助。”这是钟金娴坚持多次参加公益活动的原因。在采访中，当谈到参加公益活动的感受时，她表示会用自己希望被对待的方式去对待他人，尽心尽力地做好，也不期待一定要得到回馈。她还强调自己不会轻视和怀疑每一份善意，甚至真诚的告白，因为她觉得“世上没有无足轻重的告白，也没有空穴来风的心动和平白无故的温暖”。无论对方带着何种目的，无论这份心意会持续很久还是转瞬即逝，每一份真挚的表达和表达方式都不该被怠慢。

“生活里生硬冷冽的东西太多了，我们需要看见明亮澄澈，柔软温暖的东西”。这是钟金娴在采访时提到的，所以她会选择让自己努力成为一个这样的人，去为自己制造温暖、浪漫、细腻、明快、刺激的回忆。于是，很多美好的东西不期而至。这让她确信一点：当想要变坏，就遇见了坏人坏事；当想要变好，即便见过这个世界的消极面，仍然会对世界的光亮面怀有希冀。通俗地讲就是，还是有很多好人，还是有很多好事。她遇见那些自己很欣赏的人，在得到了对方的善意和关爱后，就会想：自己也要成为这样的人。

钟金娴说：“如果我们只是从这个社会里去接受东西，却不为其做出贡献，那么这个社会就无法良性地运转。作为当代的青年，我们应该在享受这个现代社会的红利的同时，去反哺这个社会。”

道阻且长，挑战困难

取得如此优秀成绩的钟金娴认为，学生应该勇于跳出自己的舒适圈，确立自己的目标，运用自己的行动力和内心的自驱力，无论做什么事，遇到了什么样的困难或者疑惑，不会“知难而退”，而是把握住自己的好奇心，将自己周围的资源最大化利用，去填补自己的不足和空缺。在遇到困难的时候，及时调整自己的目标和心态，毕竟经历了困难才会迎来成长。

慎终如始，厚积薄发

钟金娴的四六级成绩均取得了550以上的高分，并荣获了大学生英语竞赛二等奖。当我们向钟金娴请教如何学习英语时，她强调要有意识地给自己营造一个良好的学习氛围，养成学英语的好习惯，当知识的积累到达一定的程度时，就可以进行“输出”了。“输出”后，要对自己的表现进行自我审视，这样才能将前一个阶段所学到的知识沉淀为自己的底蕴。同时，可以有选择性地去看与自己专业有关的英语论文，这样，不仅可以认清自己的状况，给自己前进的动力，更能让自己在自身专业领域上有所收获，让自己更愿意去学习英语。

黎子良：德业并举，专通相融

黎子良，共青团员，机械与电气工程学院机械设计制造及其自动化专业2017级学生，现任机械173班学习委员，智能制造拔尖人才实验班副班长；学业成绩为专业前2%，获得广州大学优秀学生、优秀导生等荣誉称号；获得国家奖学金、校一等奖学金；获得“挑战杯”国赛一等奖、省赛一等奖等奖项；共申请发明专利12项，获得授权发明专利1项，作为第三作者发表SCI Q1论文一篇（影响因子为5.057）；曾参与亚运城小学的支教活动，赴美国华盛顿大学开展访学交流学习。

黎子良在西雅图的太空针塔

踏实学习，成绩斐然

黎子良连续三年保持优异的学习成绩，连续三年绩点排名为年级前2%，连续三年综测班级第一，获得了国家奖学金以及校一等奖学金等。在刚刚结束的研究生推免中，他拿到了电子科技大学、山东大学和大连理工大学等6所高校的推免录取资格，最终选择了电子科技大学攻读研究生，研究方向为仿生机器人。

黎子良认为，学习最重要的是掌握正确的学习方法。

很多学生常常会抱有这样的一种想法，即使在课堂上不认真听讲，课后也可以通过网课补回来。黎子良认为这种方法得不偿失。而他自己的方法是：在课前通过看网课、看书本等方法预习，把在这个过程中所遇到的问题记录下来，然后上课时认真听讲，课后尝试解决这些问题，若还有自己无法解决的问题，要及时向老师反馈，答疑解惑。这样能提高学习效率，事半功倍。

同时，黎子良还认为自学能力是大学生最重要的能力，网课是大学生最重要的资源之一。他以自身为例，向我们演示了如何利用好网课这门资源。黎子良谈到在参加科研竞赛的过程中，常常需要学习一些新的软件。一开始，他会去了解自己的项目需要什么软件，然后到网课平台寻找资源自学。自学到一定程度后，他会向师兄了解这些软件需要重视的地方，针对这些地方再进一步学习。如果对此产生了兴趣，还会更深入地学习下去，最终变成自己的一项能力。

埋首科创，硕果累累

除了学习成绩十分优秀以外，黎子良在科创方面也是收获满满。

他共参与了专业竞赛 9 项，其中获得国家级奖项 3 项和省级奖项 4 项，获得“挑战杯”国赛、省赛和校赛的一等奖，获得“互联网 +”和“创青春”比赛的省赛银奖；他还申请了 12 项国家发明专利，获授权发明专利 1 项、获授权实用新型专利 2 项；发表了 SCI Q1 论文 1 篇，在投 SCI Q1 论文 1 篇；他还担任过广东省攀登计划重点项目的负责人。

黎子良表示在高中时自己便对机器人设计和自动化小装置表现出极大的兴趣。因此，他在填报高考志愿时第一志愿便选择了广州大学的机械制造及其自动化专业。在进入大学后，他便申请加入广州大学创客协会，经过层层考验和筛选，最终进入了广州大学创客协会的实验室。在广州大学创客协会里，黎子良从一个个小项目做起，而后创立了第一个自己的大项目，再到成为项目负责人，并通过不懈的努力最后斩获了奖项。一路走来，遇到了不少困难，但黎子良说：“当你沉浸在其中时，困难就会一点一点被解决。”

不仅如此，黎子良还在 2019 年参加了美国华盛顿大学机器人与人工智能课程的访学活动，学习先进的外科医疗手术机器人技术，参观了微软以及波音飞机的装配工厂。在谈及此行最大的感受时，他表示：主要是两“高”，一是外科医疗手术机器人精度之高；二是波音飞机的装配工厂自动化程度之高。

同时他还提出："科技兴国！如今，我们正朝着'中国制造 2025'前进，高精度、高自动化程度、机电一体化、智能制造等是我们努力的方向，我们应砥砺奋进，逐梦前行。"

助人为乐，薪火相传

在学习科创外，黎子良还怀有奉献之心，积极参与志愿活动。他参加了机械与电气工程学院的"三下乡"小学支教，为他们带去自己学院的作品；他曾多次参加工疗站的课程讲解，协助自闭症儿童上课，让他们敢于表达自我，在帮助他们的同时自己也从中收获了快乐。

在做项目负责人时，他总为团队着想，根据团队中每个人的能力，为他们分配任务，让他们在团队中找到适合自己的位置。

此外，他还担任机械 197 班的导生以及 19 级机械导生组的组长，帮助师弟师妹适应大学生活，帮助他们确定适合自己的大学目标。同时，为了传承老师和师兄师姐对自己科创道路的引领精神，他指导师弟师妹进行项目申报、机械装置设计、专利论文撰写，成为他们在科研路上的引路人，将科研创新的薪火传递下去。

李锦仪：乒乓青春，无悔韶华

李锦仪，中共党员，新闻与传播学院广电171班学生，乒乓球国家二级运动员。连续三年综测排名均为班级第一；曾获中国广告艺术节铜奖、广东省高校好新闻奖一、二、三等奖等九个比赛奖项；获广州大学学年礼“运动达人”、优秀学生记者、院十佳学生等十余项荣誉称号；在《南方都市报》融媒体中心任职的五个月中发表了47份作品，其中最高浏览量达278万；任广州大学党委宣传部校报编辑，广州大学乒乓球队队长等职位；疫情期间，为家乡当地政府“党群共建”工作策划了“三字经特色灯谜进村居”公益活动，累计受益群众超800人。

李锦仪策划家乡“三字经特色灯谜进村居”的项目

在十佳学生竞选的演讲环节中，李锦仪的自信气场仿佛能锁住全场。实际上，她也认为“大方”一词形容自己恰当至极，因为这个词在她工作中、生活中、学习中分别体现为对工作事项的大局观、对生活事物的乐观宽容以及对各类不同知识的渴求。

在工作中，李锦仪果敢、稳重，无论是一直以来担任班长、乒乓球队队长，还是在记者团采编部和外宣部做部委、担任校报编辑和学院官媒编辑都是如此。待人接物时，她真诚热情，总能给人以极佳的第一印象，融洽和善的性格也为她的人生道路添光加彩。

士不可以不弘毅，任重而道远

李锦仪深知广州大学党委宣传部校报编辑部作为学校喉舌的重要性，她以讲好广大故事为己任。她经历过无数个挑灯讨论专题和策划的夜晚，还有那一遍遍像绣花一样修改排版的过程，甚至还有“开天窗”的惊险经历，获得广东省高校好新闻一、二、三等奖等众多奖项的背后浸透着许多汗水和泪水。但她总这样告诉自己：“挑战来了，是件值得高兴的事。”

功成不必在我，而功力必不唐捐。乐观坚定一直是李锦仪学习工作中恒定不变的主元素。坚定的信心可以使看似平凡的人做出惊奇的事业，李锦仪便是这句话最好的诠释。

李锦仪在初入大学时便对自己的大学生涯有着清晰的规划。

李锦仪认为，在大学一定要广泛涉猎，积极主动参与各项事务和活动，不断拓宽自己能力的边界，锤炼技能和本领。在强大求知欲的驱使下，她勇于跨界，追求多元化发展，并从大一起就以校十佳学生为榜样和目标，她一一分析了以往的十佳学生，结合自己的兴趣和性格特点，从“模仿”到“原创”，从“小萌新”到“独当一面”，从一路斩获优秀共青团员、优秀学生干部等十余项荣誉到成功获评校十佳学生，“念念不忘，必有回响”，李锦仪真正活成了自己理想中的模样。

除了学业上优秀，李锦仪也一直谨记“爱体育”的人才培养目标。她是乒乓球国家二级运动员、广州大学乒乓球队队长（连续三年获得校锦标赛女单冠军）。同时，她也是第十届广东省运动会的广州大学乒乓球备战队队长，带领团队取得了 5 人次各组别前八的好成绩。

兴趣使然，李锦仪接触乒乓球已有十余年，曾在体校接受专业队的训练。很多人问她：“运动员的训练经历难道不会拖累你做其他事情吗？”她却觉得是“有不一样的惊喜”。比如，曾经的她是教练口中那个全队肢体最不协调的队员，现在的她却能够用最短时间学会一支舞蹈，甚至成为每堂课上的领舞示范角色，肢体协调，动作流畅，她认为这么多年的训练简直就是对她潜移默化的改造。

对此，李锦仪感慨：“在成长的过程中我慢慢发现，乒乓球给了我很多东西。自己一开始在某方面可能没有天分，但是后来你就会发现，付出努力去练习以后总会有收获，而且会在某个你意想不到的瞬间收获，当然除了肢体协调外，还有很多其他体现。”

在增强团队凝聚力方面，李锦仪也有自己的方法，作为广东省运动会的广州大学备战队队长，她投入了大量时间和精力，咨询了很多专业人士，制订了一份详细的训练计划，去纠正和改善训练中的细节和关键问题，比如训练结束后在线上通过图文等形式和队员们讨论双打步伐和走位问题，在这个过程中也要注意调动队员们的积极性，如何让他们肯下苦功去训练，除了“每天监督签到”“一遍遍重申计划和细节”等手段，还要注意软硬兼施，让他们在训练和比赛中也能感受到乐趣，“他们就会逐渐进入状态，大家都在这个氛围里，更有共鸣，整个团队就更有凝聚力”。

披星戴月，硕果累累

李锦仪三年来综测排名均为第一，学业上注重学以致用，多门专业课单科第一，扎实的专业知识基础、娴熟的业务技能以及大学生批判思维的习得是她一直所重视的，也是大学生的本职任务。

在学习方法上，李锦仪提道：预习是一件很重要的事情，要把下一节课所讲的知识点框架建立起来。学习文科，在注重逻辑框架的基础上还要多涉猎相应的文本、内容，深度和广度并重，人文学科很多领域都相连相通，视野开阔极其重要，从每门科目的底层逻辑、范式划分入手，能让人更清晰容易地掌握内容。

对于李锦仪而言，过去三年她参与过的大大小小的活动和比赛让她成长了很多，就算压力很大也值得一试。“抓紧时间在本科几年中把实习、科研、校内部门的实践、比赛等有兴趣的都多去尝试，对个人来说，大学是很好的‘试错摇篮’。”她说。

正是带着强大的毅力和抗压能力，李锦仪承受住了一路以来的困难和压力，最终硕果累累。

热心公益，创新发展

李锦仪还热心于公益活动，致力推动家乡的发展建设。今年疫情期间，家乡陈村镇进行公益项目征集，作为一位具有家国情怀、有使命感的青年，李锦仪果断加入项目筹划，成为家乡建设发展的一员。经过不断思考与不懈努力，最终，策划出“三字经特色灯谜进村居”的活动。在采访中我们了解到，这个项目成功的背后，她倾注了大量的心血与精力。首先她关心自己的家乡，对家乡的发展情况深入了解，明白家乡文化面临的困境与发展的思路。在了解各种政策与历史文化后，她最终想出了一种创新的发展方式——三字经式猜灯谜。家乡的猜灯谜活动现场熙熙攘攘，而家乡作为《三字经》的发源地，三字经文化的传播却不如灯谜，于是，她把两者结合起来，将三字经文化融入灯谜中，用灯谜带动三字经的发展，通过创新让这两种文化得到传播推广。她表示，这个过程需要策划者有一定的行动力与预见性，策划过程中也要预设出各种可能的情况，联系相应的人解决问题，需要全身心地投入其中。

此外，李锦仪还积极参与“爱心代餐”活动，为祖国可爱的环卫工人带午、晚餐。她采访环卫工人，把他们的日常生活故事记录在腾讯公益平台上，让更多的人了解这个群体，也鼓励更多的人投身公益事业，让爱的接力棒永远传递下去，让公益的圣火愈燃愈旺。

李锦仪是一个实践能力强的人，同时她身上也具有强大的求知欲与不断探索的精神。在谈到未来的发展时，她表示要考研深造，或进军学术圈，为传播学做出力所能及的贡献。她坚信，她身上的这种对知识极度渴望的学习态度与不断进取、勇于尝试的探索精神能够促使她在这条道路上一往无前。

黄钰燕：登临意未平，攀登无止境

黄钰燕，女，中共党员，化学化工学院食品 171 班学生。现任化工食品系本科党支部书记、2019 级导生，曾连续两年担任班长。她曾获广州大学“优秀共青团干部”、“优秀学生”、“优秀导生”、广州大学“厚植爱国主义情怀”先进个人等荣誉，共发表三篇论文，获得一项发明专利，曾参与大学生创新训练项目、“挑战杯”及攀登计划项目，曾赴华东理工大学访学，现已获得中山大学推免研究生资格。

在这次十佳学生评选演讲中，她将自己称为一位“攀登者”。下面让我们一起来看看黄钰燕为何这么说，她越过了哪些山峰，又有怎样的心得体会呢？

黄钰燕

黄钰燕在校期间平均绩点 4.1，学年最高绩点达 4.31，连续两年学业成绩、综合测评排名专业第一，70% 以上课程成绩均达 90 分以上。她说，学业精于勤奋，学习有三个要点：有计划、能自控、讲方法。她认为在学习中，首先应树立明确的目标并进行时间安排，但不是所有时间都要用来安排学习，应该劳逸结合，合理安排学习和娱乐；其次是要自律，要控制住欲望，我们每天应保持至少定下心来学习一个小时，将其当作一个底线。她还提到，学习中很重要的一点，是要找到适合自己的学习方法。在学习知识点时，黄钰燕都会制作相应的思维导图，并进行定期整理，使知识系统化。她还强调，学习方法没有好坏之分，只有最适合自己的才是好方法。因此，她也鼓励同学们从低年级开始就要去探索适合自己的学习方法，高年级以后进行适当调整，这样有利于高效完成学习任务以及稳定地提升自己的学习能力。

她认为，学习重在效率，状态不好时可以把知识点朗诵出来，要调动所有器官，确保大脑快速进入学习状态。路漫漫其修远兮，她提醒我们要珍惜四年大学时光，走好当下每一步。

攀“竞赛科创”之峰

在攀登路上，黄钰燕是科创的探索者。三年来，她参与了 1 项省级立项项目、2 项校级立项项目，其中包括“挑战杯”项目、大学生创新训练项目、攀登计划项目。目前她已发表了 3 篇论文，获得 1 项国家发明专利，并撰写投稿了 2 篇 SCI 论文。她积极参加竞赛活动，如中国“互联网 +”大学生创新创业大赛、生物化学实验技能大赛等，共计斩获 13 项奖项，为学校的荣誉墙增添了新的篇章。

自加入科研团队以来，黄钰燕在实验室度过了 2 500 多个小时，阅读了 200 多篇文献，只为争当同学中科研的模范者。黄钰燕认为，科研贵在坚持，保持激情是很重要的。万事开头难，科研首先要以“打工人”的心态，一步一个脚印，明白科研没有捷径可走；其次要转变自己的思维，将科研当作自己的兴趣或事业去经营，而不是当作任务去完成。而当你坚持下去做出成果后，会感觉一切努力都是值得的。

黄钰燕认为，对于参加竞赛，应在保证成绩不落后的前提下，选择自己专业相关的、感兴趣的竞赛。在参加竞赛过程中，要勇于尝试，做好“失败是常态，成功才是偶然”的心理准备，不要抱着一定要拿奖的心理去参与，这样很容易产生挫败感，在过程中尽了自己最大的努力，磨炼了自己，这才是最重要的。

越“实践躬行”之峰

黄钰燕曾在百强企业中实习；也曾当大型晚会主持人；做过疫情防控志愿者；也曾在敬老院关怀老人……她说，她十分感谢家人对她的教育，例如，这次疫情期间，黄钰燕一家三口都参与了疫情防控志愿服务。多年来，她的家人一直坚持参与志愿活动，为社会做贡献，也常常鼓励她去尝试做自己想做的事。正是家人的以身作则与激励，她从小便有了“事必躬行”的价值观与习惯。

她认为，我们大学生应当多参与志愿活动，多亲身体验社会活动。在志愿活动过程中，我们可以看到不同的人过着怎么样的生活，这可以引发我们思考，让我们懂得知足常乐，学会感恩世界、亲友，同时心里也会有更多的光与热去关心、帮助他人。在社会活动中，职场的生活环境会给我们带来与校内截然不同的体验，也会让我们从中学习到新知识。

她说，在大部分大学生都逐渐变得“佛系”的当下，勇于尝试是很重要的一个品质。她鼓励我们勇敢去尝试、体验。勇敢尝试胜于原地踏步。

登“责任担当”之峰

黄钰燕曾担任班长、导生、党支部书记等职务。她善于管理，在担任导生职务时，成功创造了全院唯一零挂科班级的纪录，全班出勤率、四级通过率均为100%，成绩优良率高达93．4%。在该专业17名19级奖学金获得者中，她作为导生带领的193班占13名，占比接近80%，而国家励志奖学金获得者全部来自该班级。在黄钰燕的影响下，该班级学生在大一期间的科研参与率就已超过80%，有95%的学生有考研意向，创本学院新高。同时，她所在的班级也连续两年获得“优良学风班”称号。她还率先推进“团小组”制度，使她所在团支部获得了“先进团支部”的称号。

对于班风建设，黄钰燕认为班干部应当制定班规，做到奖罚分明，班干部要以身作则。同时，班级要确定一个共同的目标，让班级所有人都有意向朝一个方向努力。最后，班干部一定要注意营造一个温馨的班级氛围，可以多组织团建活动、给班级同学庆祝生日，让大家感受到班级的温暖，才能使大家更有归属感，有凝聚力。

登临意未平，舞旗引共进

“在十佳学生评选舞台上，每一位候选人都十分优秀，能站上这个舞台的都是广州大学品学兼优的优秀学生。”黄钰燕认为，能够从二十多人中脱颖而出，她的优势主要在于一点：许多人认为十佳学生就是站在高处，能看到寻常人看不到的风景，但是她认为，十佳学生其实是一个引领者的身份。对于她而言，十佳学生更像是一面旗帜，鼓舞着更多人去追求一个奋斗的青春。今天她站在“十佳”的竞选舞台上，明天她将用“十佳精神”激励出学院的下一批

"十佳"青年学生。她会树立好"十佳"的榜样，将优秀作为一种力量传递下去！让身边人都能够往更高的山顶去攀登！她也希望自己的经历能给师弟师妹留下一些东西，鼓舞更多的广大青年到达属于自己的山顶。她说："有攀登才能够向上，希望师弟师妹都能够珍惜大学四年的生活，走好当下的每一步。希望我们每一个人都能够成为永无止境的攀登者！"

杨智威：融会贯通，知行合一

杨智威，男，中共党员，地理科学与遥感学院地图学与地理信息系统专业18级硕士研究生。

读研期间，他曾担任院学生委员、研究生团委宣传委员等职位。学业成绩连续两年保持专业第一，获研究生国家奖学金、研究生一等学业奖学金、广州大学创业达人、第八届高校GIS新秀等荣誉。

他科研成果突出，当前已发表国内外高水平论文17篇，其中第一作者论文9篇，SCI论文8篇。他还积极参加国际、国内学术会议并做报告，多次获得“优秀青年学术报告奖”“优秀研究生学术论文”等奖项。

在思想上，杨智威一直向着广州大学人才培养目标“德才兼备、家国情怀、视野开阔，爱体育、懂艺术，能力发展性强”努力着，在各个领域大放光彩；同时，他一直紧跟党的步伐，现已是一名优秀的中共党员。

杨智威

思想：素质扎实，立场鲜明

在研究生期间，杨智威实现了成为正式中共党员的理想。在预备党员转正过程中，他了解了党员同志的日常生活与工作，并与他们进行了深入的交流，也正是在这个过程中，他深刻体会到了党员对人民群众的奉献精神，以及从提交入党申请书起，直至成为一名正式党员所需要经历的考验和需要付出的努力。在此之后，他下定决心，日后会更主动承担作为党员的责任，积极投身到党的社会主义建设中去。

在疫情期间，杨智威积极主动参与党支部活动，深刻明白作为一名党员的义务，迫不及待地想加入党的大家庭。此外，他积极与党员同志交流学习，学习如何为社会做出自己的奉献，他的行为体现了一名预备党员应有的责任意识。杨智威提醒我们，想成为一名合格的党员，关键是要有思想觉悟、坚定的理想信念，且必须要遵守党的纪律。

学习：精勤求学，融会贯通

自入学以来，杨智威的学业成绩始终保持专业第一。其中，他在研一时平均绩点4.1，研二时4.3，在九门专业课中，有八门为专业第一。

杨智威认为，作为一名学生，首先是要掌握好专业知识和基本技能，勤奋学习，不断完善自己的知识结构，打好基础，然后做到精益求精、举一反三。他说，在大学期间，要认真对待每一次上台做报告的机会，包括课程汇报、比赛答辩等。对于上台讲话这件事，要做到不畏惧、不应付、不消极，因为每一次报告都是展示自己、提高自己能力的机会。

最后，他说，在科研道路上，如果有同学有意愿继续深造，应该从现在开始，就要有意识地锻炼自己的逻辑思维能力，不断开拓研究视野。同时，全面训练自己发现问题、解决问题的能力。这些能力会使我们在未来的学习和研究中更加游刃有余。

对于如何面对在学习生活中可能遇到的困难，他表示："在生活中遇到困难和挫折是正常的现象，没有挫折和困难才是不正常的现象。首先，我们应该正确看待遇到的任何挫折和困难，不要在心里放大它们的影响，从而使自己产生退却心理，而是应该面对困难；其次，相信自己可以战胜这些挫折和困难，并立刻行动起来，去找解决办法。总结起来就是，保持心态，相信自己。"

科研：成于善思，励志创新

在科研方面，杨智威在导师陈颖彪教授、吴志峰教授以及团队师兄师姐的帮助下，通过多视角、多维度、多尺度的综合探索，系统地对当前城市生态环境展开研究，并以此为主题，发表多篇SCI TOP论文、Q1论文以及C刊论文。其中，他的部分研究成果已有效地运用于政府决策中，并能够在后续为城市规划和管理中提供强有力的辅助支撑。

在研究生期间，杨智威积极参与各个基金项目、课题的研究，包括主持广州大学研究生基础创新项目、参与导师国家重点研发计划课题等。同时，他积极参加各项国际、国内会议，并做了相应的学术报告，包括EORSA遥感对地观测国际会议、中国地理学大会等。他表示，在参加会议和做报告中，可以让自己有更多的思考，能够深入、全面地了解项目与课题研究，从而更有效地提高自己的科研能力。

杨智威认为，要想保持好的科研成绩，得做到以下几点：第一，要热爱自己的专业，内心才会有支撑自己继续在这条路上走下去的劲，才可以更加深入地进行研究；第二，要勤奋善思、感恩团队，多与导师交流，向团队老师、同学请教学习，是科研顺利的有效助力；第三，做研究不能闭门造车，得把自己发现的一些结果结论散播出去，引起他人共鸣、相互改进，才可能有所提高。最后，他强调：创新永远是时代的需要。创新是时代的精髓，作为新一代青年，我们更应当把握时代的精髓，励志创新，有所作为。

工作：果毅力行，知行合一

杨智威在担任院学生委员及研究生团委宣传委员期间，表现优秀、认真负责，积极组织和完成学校学院布置的各项工作，起到了带头表率作用。此外，他还多次参与无偿献血、捐献造血干细胞检测血样等公益活动，并积极参与社会及学校组织的各项志愿活动，如广交会志愿者、学术论坛志愿者、迎新志愿者等。

他认为，把志愿服务当作自己的一项重要的生活内容，时时刻刻都要想到去帮助有需要的人，是非常有必要的。他说，人应当尽己所能、不计报酬地帮助他人、服务社会、为社会众人的美好生活贡献自己的一份力量。

邵泽丽：以服务之心，耀十佳之光

邵泽丽，中共党员，人文学院汉语178班学生。她曾担任学习委员、人文学院讲解队南博馆小队长、广州大学党校人文学院分党校秘书长等职位，连续两年在综合测评中排名第一，曾获得国家奖学金和校一等奖学金、获评2019年学年礼“增强综合素质”先进个人，由于成绩优异，现已成功保研到华南师范大学攻读教育硕士。

她还曾获第十六届“挑战杯”全国大学生课外学术科技作品竞赛二等奖、第九届秘书节实务大赛一等奖、人文新传两院联合讲解比赛一等奖等多个奖项。她所创立的山区支教队伍曾获评市级、省级和国家级荣誉称号。

邵泽丽在十佳学生评选会上演讲

邵泽丽所带领的支教团队曾获得2019年“推普脱贫攻坚”全国大学生暑期社会实践专项活动优秀团队、2018年度广州市优秀文化志愿服务团队、2018年广州市大中专学生志愿者暑期“三下乡”社会实践活动优秀团队等多个荣誉称号。

大学四年里，邵泽丽曾多次跟随团队前往教育资源贫乏的地区支教，这些经历让她了解到许多偏远地区对于教育普及的巨大需求，也让她真正明白了支教的重要性，同时，继续支教已成为她的心之所向。

邵泽丽说，在别人看来，下乡支教似乎并未给她带来什么好处，但对她来说是收获满满：“内心的满足感”“内心的幸福感”和“对于自己存在价值的肯定”。

即使下乡支教的环境实在不算好，但是对于邵泽丽而言，环境的困难是可以通过内心的意志克服的：“大不了就‘桌子不够椅子来凑’。”

邵泽丽谈到下乡支教生活时，她说，她经历了很多，也清晰地记得很多人：有渴望学习更多知识的大眼睛女孩，有梦想成为志愿讲解员的“红军帽”男孩，有为了学生教育而四处奔波的校长，有在支教过程中互帮互助、坚持不懈的队员们……

为什么会坚持为公益助力？对于邵泽丽而言，原因其实很简单：支教时孩子们的笑脸、重返支教地区时孩子们的欢欣以及来自受助者的正面反馈等，这些都使她感觉到自己是一个可以为社会付出、可以对自己的价值进行肯定的人，这就是让她坚持为公益助力的最大动力。

所有值得的事情都值得去做好

邵泽丽现已成功保研到华南师范大学攻读教育硕士。在大学四年，她曾获广州大学“增强综合素质”先进个人、人文学院学习标兵、广州大学社会实践活动优秀个人、广州大学优秀学生等多项荣誉。对于邵泽丽而言，学习好专业知识，不仅仅是她身为大学生的基本要求，更是她可以回报社会，为社会服务做贡献的基础。

她分享道：“虽然在很多时候，我们会觉得学习是苦的、是累的，但不可否认的是，学习是一件很值得去做的事。学习自己所热爱的、所需要的知识，这其实不是一件苦差事，甚至是一件很快乐的事。”邵泽丽说：“生命中，有很多我们认为值得的事情，值得我们花时间、精力去做好的事，例如学习、交际、公益等。”她认为：“所有我们认为值得的事情，都值得我们去做好，也都值得我们去做得更好。”

要勇于踏出舒适区，要学会合作

大二时的邵泽丽在自己思考，以及受到师兄师姐的提点后，参加了“挑战杯”比赛，并获得第十六届“挑战杯”全国大学生学术科技作品竞赛国赛二等奖、第十五届“挑战杯”全国大学生学术科技作品竞赛广东省省赛特等奖。

“我们要勇于踏出舒适圈，敢于抓住机会，坚持就可以得到收获!”邵泽丽凭借一个富有现实意义和现实价值的选题、一腔敢于踏出舒适圈的勇敢、一份不言放弃的坚持和一个相处和睦的团队，夺下了“挑战杯”的奖项。邵泽丽说，这段跨时20个月的经历不仅锻炼了她的意志力，让她明白了坚持的重要性，更让她懂得了团队合作的重要性，一个人可能可以走得远，但是一个优秀的团队可以走得更远。

放慢脚步，可能会有不一样的收获

当我们询问邵泽丽对师弟师妹有什么寄语时，邵泽丽说：首先，要记得时刻保持一颗好奇的心，要懂得去找寻自我的兴趣点，勇敢地踏出自己的舒适区，抓住适时的机遇，同时，也要记得坚持自己认为对的事。

谈到对于即将结束的大学四年的生活有什么遗憾时，邵泽丽说，在四年里，她最大的遗憾就是，这四年来都没有好好地逛过广大校园。当她看到师弟师妹都在积极努力地学习奋斗时，她有一种“江山代有才人出”的欣慰。同时，对于“拼命三郎式”的师弟师妹，她也给出了自己的建议：“不要忘记给自己适当放松的机会，不要太早焦虑未来；有时候学会放慢脚步，会有意想不到的收获；有时候先让心平静下来，效率才会提高。”

江金花：行而不辍，未来可期

江金花，中共党员，体育学院体教171班学生。曾担任体育学院班级副班长、学院学生会实践部部长等职位。大学四年综合学业绩点排名班级第一，曾获得校国家励志奖学金和国家奖学金，连续三年获得优秀学生、优秀学生干部荣誉称号，曾获广州大学十佳学生称号。现已成功考取华南师范大学体育科学学院研究生。

江金花比赛夺冠

更优秀的学业成绩，更好的未来

江金花在大学连续三年学业成绩排名年级第一，大学三年平均绩点4.28。她曾获得一次国家奖学金、两次国家励志奖学金。

作为一名体育专业的学生，江金花不仅要学习理论知识，还要进行高强度的体育训练，十分辛苦。但在面对高强度训练时，她从不轻言放弃。在她看来，高强度的训练不会持续太久，她也会想办法去克服训练的困难，因为她深知坚持训练虽辛苦，但在不断挑战极限的过程中，自己的体能也会不断提高。

在压力过大时，江金花亦会寻求放松身心的办法，比如找朋友倾诉、奖励并安慰自己、好好睡一觉等。她说，只有保持饱满的精神状态，才能应对各种训练和学习任务。在分享学习经验时，她谈到自己上课认真听讲，课后将知识梳理一遍，在考试前会认真复习。她还建议师弟师妹，对于与专业相关的课程，无论是实践课还是理论课，都要认真学习并熟记。当被问及如何平衡生活、学业和训练时，江金花表示时间都是挤出来的，如果希望自己在短时间内做很多事情，就要按照事情的轻重缓急合理地安排时间。

学习之余，江金花还积极参加竞技比赛。她曾获广东省大学生跆拳道锦标赛团体女子竞技季军，并多次获得广东省青少年跆拳道比赛“优秀裁判员”的称号。

江金花在舞龙舞狮竞赛方面的成绩尤为优异。她曾获得中国大学生舞龙舞狮锦标赛女子乙组舞龙第一名、第二名，广东省大学生舞龙舞狮锦标赛女子乙组舞龙第一名，2019 年 8 月在中国大学生舞龙舞狮锦标赛中获得“最佳龙珠”的称号。

江金花表示，最初加入龙狮队是因为兴趣的指引，加入之后发现龙狮队更像一个大家庭，队员之间团结友爱，老师关心细致，大家在训练过程中互帮互助，共同克服困难。在谈到团队协作时，她坦言团队最重要的是一群人为着一个共同目标努力奋斗。在这期间，如果有任何一个人出现了懈怠心理，或者以消极的态度应对训练或比赛都会对比赛大为不利。她还说，一个团队有时难免会发生小摩擦，只有大家换位思考，替团队、他人、自己着想，整个团队才能拥有很强的凝聚力。

更强的工作能力，更好的未来

江金花不仅在学习方面拔尖，在工作上用“在其位，谋其职”来形容她恰到好处。江金花在担任副班长的同时也是团委学生会干部和龙狮队团长。三年来，江金花一直都是恪尽职守、服务同学，获得了老师和同学的一致认可。

三年来，江金花获广州大学社会实践积极分子、广州大学优秀学生、体育学院团委学生会“十佳部长”等荣誉称号。由于江金花在处理和分配事情有自己独特的一套方法，才能在如此繁忙劳累的学习与生活中从容自若。不仅如此，江金花还认为，参加活动和担任职务让自己变得更加优秀，工作能力和效率都有所提高，同时也能更好地与他人沟通，能够更合理地处理同学之间的矛盾等。

更多的社会实践，更好的未来

江金花不仅在学习与龙狮中投入了精力，在社会实践方面也朝着自己规划的目标前进，担任广东跆拳道、广地花园和雅居乐花园跆拳培训机构的跆拳道教练，军事化英语夏令营教官以及广州大学附属中学实习体育教师。作为体育教育专业的优秀学生，江金花的社会实践也与自己的专业学习衔接，同时也为考取研究生以及其他专业证书打下了基础，她坚信通过自身的努力可以拥抱更好的自己，拥有更好的未来。

江金花没有将考取研究生作为自己的第一要务，而是选择广州大学附属中学实习体育老师的职务。当被询问为何没有选择专心致志修读完研究生后再进行工作规划时，江金花回答道："先着眼解决眼前的生活需要，再去追求学业的提升。"经过对家庭因素和个人能力的考量，江金花选择一边工作实习，一边根据需要再决定是否考取研究生以及其他专业证书。对于未来，江金花有着自己明确的计划，没有浮躁地去幻想，而是选择了符合自身的发展方向，一步一脚印踏踏实实地走自己的路。因为对舞龙舞狮的热爱，她也坚持着自己的爱好与追逐荣誉的脚步，并决定参加 2021 年的全国舞龙舞狮锦标赛，争取拿下优异成绩。"累了就睡觉，醒来就微笑"，这是江金花的座右铭，从中可以看出她一直秉承着"莫埋怨，坚持不懈，对于现实保持着乐观的态度"的精神。在生活中，她不会去埋怨现实的残酷，而是选择踏实地付出努力，不会过于在意结果，因为她相信苦心人天不负。即使是在艰难的时期，她也犹如向日葵般微笑面对，向阳而生，这份优秀的品质正是广州大学学子应该学习的。

优良学风标兵班

优良学风班的创建、优良学风班与优良学风标兵班的评审，是广州大学促进校风、学风、班风建设的重要举措，能有效凝聚班级力量，营造良好的学习氛围。经学院推荐、组织候选班级现场事迹宣讲，结合师生民意测评与网络投票，最后通过学校优良学风标兵班评审小组综合评审，共有10个班级脱颖而出，成为我校2019—2020学年度优良学风标兵班，下面让我们一睹各班的风采吧！

外国语学院　英语172班

广州大学外国语学院英语172班是一个由35名同学组成的大家庭，现有共青团员30人，中共党员2人，中共预备党员2人，党员发展对象2人，入党积极分子14人。三年来172班团干、班干各尽其责，同学人尽其才，共同营造了团结向上、充满朝气、锐意进取的班风学风。

班级方面，曾获广东省活力在基层团日活动“千入围”、广东省活力在基层团日活动“百优”、广州大学优良学风班、广州大学五四红旗团支部、校微团课大赛一等奖、易班优秀班集体、院愿景大赛一等奖、军训先进班级等荣誉。

个人方面，超88%的共青团员曾任各类组织干部，积极投身于学生工作；支部成员在各级各类专业比赛与荣誉称号评选中，获奖率极高，其中国家级6人次、省级1人次、市级5人次、校级33人次、院级59人次，共104人次。全班同学的志愿时长累计高达4 113小时，人均117小时，志愿活动种类超30种。在2019—2020学年，班级平均绩点达到3.52，支部各门课的通过率达到99.81%，优良率达94.29%，英语专业四级考试通过率高达97.14%。此外，同学们积极参与“挑战杯”、创新创业训练等三创比赛，争做创新型人才。从院运会到全国高校诗词大会等文体活动都能看到172班成员的身影。

英语172班巨轮将秉承“Breadth，Efficiency，Smile，Teamwork-Best”的班训继续乘风破浪，高歌前进！

化学化工学院　化学171班

这里是化学171班！“学高为师，身正为范”是我们的信仰，“一路奔跑、并肩作战”是我们的坚持，幸福地做喜欢的事是我们的目标，考研报考率达

80%的我们愿所期皆有所得。

作为学生，化学171班大学三年出勤率为100%，大三学年实现零挂科。三年平均绩点达4.0及以上的同学共有11名，张锦辉同学以4.36创下学院最高绩点纪录。

作为化学生，化学171班凭借实力闯进“挑战杯”国赛、省赛，在各大学科竞赛中大放异彩。沉迷科研是我们真实的生活写照，科研立项人次占班级人数高达125%，在化学领域知名期刊上发表SCI论文共计18篇。

作为广大的一员，我们始终将二十四字人才培养目标牢记在心、落实到位。开展多项技能培训以丰富涵养、德才并重；作为大学生代表参加广州市庆祝中华人民共和国成立70周年升旗仪式是我们不忘初心、牢记使命的里程碑；远赴厦大访学只为读万卷书、开阔视野；运动会、毕业晚会中的我们强健体魄也不忘陶冶情操；3项班级荣誉以及众多的个人荣誉是能力发展性强的最好证明。

我们的努力广大见证，涌现出4项学年礼个人荣誉，2位保研生。化学171班，我们始终面向太阳。

土木工程学院　土木1810班

广州大学土木工程学院18级“福霖班”共有学生35人，其中共青团员33人，入党积极分子14人。

2018级“福霖班”秉承“协作、开拓、精进、奉献”的“福霖”精神，在班级文化建设、学科竞赛等方面取得了一系列亮眼成绩。

学习方面，在2019—2020学年度本班学生到课率为100%，各门学科及格率达100%，成绩优良率达100%，综合测评成绩年级前十共有8名同学，前五十有19名同学。此外，更有罗容玮等3位同学获国家奖学金，占据学院国奖名额的半壁江山，谢梓聪等4人获国家励志奖学金。

学科竞赛方面，31人次获校级以上竞赛奖励，其中国家级奖项14项，省级奖项10项。“福霖班”学生积极申报各项创新创业竞赛，目前，“福霖班”共有17项科创项目立项，其中国家级立项3项，省级立项9项。

此外，“福霖班”同学力争做到文体两开花，在土木工程学院第十四届田径运动会中，获团体总分第四名，并获“体育道德风尚奖”。班里同学还积极参加广州大学辩论赛、广东省大学生七人制足球联赛等文体活动，并获得优异成绩。

2018 级“福霖班”学子正不断努力，锐意进取，致力打造具有“福霖”精神的优良学风标兵班。

数学与信息科学学院　信计 171 班

数学与信息科学学院信计 171 班是一个 70 人的大家庭，其中中共党员 3 人，入党积极分子 7 人，共青团员 66 人。

三年多来，我们坚持社会主义核心价值观，以培养同学们“德才兼备、家国情怀”为目标，积极开展各种班级和志愿服务活动。多名同学获得广州大学社会实践优秀个人称号。团支部组织拍摄的“我和我的祖国”微团课，获广东省高校“活力在基层”主题团日竞赛活动（秋季）“千入围”项目，并荣获广州大学五四红旗团支部。

在视野开阔、能力发展性强方面，本班共获得国际级奖项 10 项、国家级奖项 29 项、省级奖项 111 项、校级奖项 60 项。本班有两名同学获得研究生推免资格。在科研方面，本班同学累计在国际级期刊发表论文 1 篇，在国家级期刊发表论文 4 篇。

在爱体育、懂艺术方面，本班在新生杯篮球赛取得第一名，在女子运动会中获得道德风尚奖，在院运会中获得班级团体总分第一名的好成绩。此外，同学们积极参加心理情景剧、中华诗词朗诵、校歌合唱比赛，均获得院三等奖。

不忘初心，展望未来。信计 171 班作为毕业班，走在人生的十字路口，未来可期。回首过去，我们踌躇满志，英姿飒爽；展望未来，我们豪情满怀，扬帆启航，信计 171 在未来必将再创辉煌。

地理科学与遥感学院　地理 171 班

地理科学与遥感学院地理 171 班是由 29 位同学组成的团结友爱、积极向上的集体。全班积极向党组织靠拢，其中中共党员 4 人，中共预备党员 1 人，入党积极分子 10 人。1 名同学保送至北京师范大学。

在学风建设上，班级坚持以优促学的理念，形成良好的学习氛围。目前，本班各科及格率达 99. 71%，成绩优良率达 95. 83%，英语四级累计合格率达

93.1%。班内积极投身专业实践，参加多项学科竞赛。斩获第八届广东省师范技能大赛一等奖，第五届中国高校地理展示大赛二等奖等奖项。此外，我班同学坚持全面发展，从院运会到中国大学生校园健身操舞锦标赛，在各种文体活动中都能看到我们班同学的身影。

在全班同学的共同努力下，我班曾获评2017—2018学年广州大学优良学风班、2017—2018学年广州大学先进团支部、2018—2019学年广州大学优良学风班、2018年广东省高校“活力在基层”团日竞赛活动（秋季）“千人围”项目、2018年三院联合团日活动设计大赛优秀奖等荣誉。

我班同学秉持着“学高为师，身正为范”的理念，怀揣着对地理的热爱，正脚踏实地朝着优秀人民教师的道路前进。穿越地平线的地理171班，我们一直在路上！

建筑与城市规划学院　园林172班

2017年的夏天，橘子遇见了汽水，我们遇见了我们，19个有趣的灵魂从天南地北赶来，相逢于建院。5位男孩和14位女孩共同组成充满爱的小家庭——风景园林172班。

在辅导员和班主任等老师的关怀与培养下，我们取得了不少耀眼的成绩。在全体成员共同努力下，我班陆续获评2017—2019年两届优良学风班和优秀易班班集体、2019年“德才兼备、家国情怀”先进集体、2019年集体思想品德奖、五四优秀红旗团支部等多项集体荣誉。

思想建设：我班积极向党组织靠拢，定期举行团日活动。现有中共党员1名，入党积极分子8名，共青团员17名，党团人数占比95%。同学们积极参加国助下乡行、省大运会志愿服务等活动。

学风建设：2019—2020学年度我班成绩优良率达94.7%，必修课和专业选修课优秀率达70%，英语四级累计合格率达90%，平均学分绩点年级专业前十我班独占八席。同学们在各类校级、省级、国家级和国际专业竞赛成绩耀眼。

生活建设：我班同学积极向“爱体育、懂艺术，能力发展性强”的目标发展。同学们活跃在各类运动会、文体活动中。三年来，我班共涌现10名院校各部门部长、1名导生、1名院团学副主席和2名社团副会长。

在接下来的岁月里，无论晴光和煦，还是风雨兼程，我们班级都会紧紧环抱，继续团结奋斗，以强大的毅力和激情共同谱写崭新的华章。

人文学院　汉语188班

人文学院汉语188班由38位同学组成，是一个团结友爱的班集体。全体同学以成为优秀的人民教师为目标，以“博学笃志，切问近思”的班训以及广州大学24字人才培养目标作为行动引领，在优良学风建设的道路上砥砺前行。

全班积极向党组织靠拢，班内有36名共青团员，2名中共预备党员，13名入党积极分子，同学们积极参与团日活动，增强自身的党团意识并提高政治素养。

作为师范班，我们重视学风建设，学习成绩优异，全班到课率及出勤率达100%，成绩优良率达100%，英语四级通过率达97%，教师教育类选修课优秀率达100%。班上各有一位同学分别获得国家奖学金和国家励志奖学金，多人获得校级优秀学生、优秀班干、优秀团干等称号。

班级方面，获评广州大学优良学风班、“先进团支部”称号、寒假社会实践优秀班级、学院第八届党团知识竞赛三等奖、学院第十三届“青葵杯”辩论赛最佳组织奖等奖项，还参加了与贵州交换生结对共建的活动。

个人方面，同学们积极参与各项支教、义教活动以及师范实习工作，2人参与援藏支教，为社会学校建设、教育建设贡献自己的力量，同时积极参与各项比赛，在文、体、艺、能、科研等方面斩获近40项校级及以上奖项，50余项院级奖项。

我们都是追梦人，将继续执着于我们的追求，实现“立德树人”的梦想！

电子与通信工程学院　电信171班

电信171班是一个有47人的班集体，男生33人，女生14人，其中共青团员45人，入党积极分子10人，中共党员3人。

在学习上，我们建立了学习互助小组，遵循“以先进带后进，共同进步”的原则。三年来平均到课率为98%，英语四级通过率为96%，我们的必修课和专业选修课成绩在学院名列前茅。

在科技创作上，我们加入各类专业类科创协会、老师的课题组等。三年来累计获奖共118人次，申请专利30人次，发表论文6篇。不仅为个人、为学校赢得荣誉，也是为解决生活中的种种问题贡献了我们电信学子的智慧，更为以后的就业或进一步深造打下了坚实的基础。

在综合能力上，我们建立了完善的班级测评制度，鼓励大家积极参加体育类、艺术类活动。三年来累计体育类获奖共 22 人次，艺术类获奖共 6 人次，参加艺术类表演共 19 人次。我们不仅注重提高身体素质，更加注重提高艺术审美。

关于未来，有的同学保送至复旦大学、电子科技大学，有的同学签约大企业，还有的同学正在努力地准备着考研、考公、就业。大家都在努力成为一个德才兼备、家国情怀、视野开阔，爱体育、懂艺术，能力发展性强的广大人，坚定地将个人理想融入建设社会主义现代化强国的伟大事业中。

管理学院　电商 172 班

电商 172 班由 50 名朝气蓬勃的电商学子组成，其中共青团员 47 人，中共党员 2 人，中共预备党员 1 人，入党积极分子 13 人。在学校、学院及班主任、导生、导助的正确指导下，我们积极进取、开拓创新，注重理论和实践相结合，努力把自己培养成具有家国情怀、三商和三创能力的新一代电商人。

在学习方面，我们学无止境，创造可能。大三学年到课率为 99.99%，出勤率为 100%，各门学科及格率达 99.16%，成绩优良率达 90.41%。三年来，获奖学金人数为 51 人次，其中 15 人获得国家励志奖学金。

在创新创业方面，我们敢于挑战，硕果累累。三年来共计 198 人次获得奖项，其中国家级 2 项、省级 32 项、市级 1 项、校级 88 项以及院级 75 项。此外，在社会实践方面，几乎所有同学都参与过校级社团、院级学生会等校园学生工作。他们在锻炼自己能力、丰富课余生活的同时，为学校学院建设贡献自己的力量。

在班级建设方面，通过丰富多彩的团日活动，展开思想政治生活的教育，同学们不断加强自身政治修养，在活动中不断学习、不断成长。在全班成员的努力下，我们共获评两年广州大学优良学风班、第五届主题团日竞赛一等奖、微团课视频大赛二等奖等系列奖项。

在新时代的召唤下，我们争当“弄潮儿”，打造出属于自己的一片天地！

新闻与传播学院　广电 171 班

新闻与传播学院广电 171 班现有 40 位同学，班级学习风气浓厚，英语四级和计算机一级第一次通过率为 100%，上学年成绩优良率达 100%。

在学科竞赛方面，同学们积极参与省好新闻奖、学院奖、大广赛等专业学科比赛，获得省级以上奖项超 40 人次。此外，广电 171 班着重打造班级凝聚力，积极开展各种团建活动如读书沙龙、班级辩论、诗词大赛等，使同学们充分交流沟通，有助协作发展。

在集体荣誉方面，广电 171 班获 2017—2018 年度广州大学优良学风班、2018—2019 年度广州大学优良学风班、2017—2018 三院联合运动会道德风尚奖、2018—2019 年度广州大学“德才兼备　家国情怀”先进集体、2017—2018 年度三院联合篮球赛第三名、2018—2019 年度三院联合篮球赛第四名、2019—2020 年度广州大学优良学风标兵班的荣誉称号。

在社会实践方面，广电 171 班的同学们积极参与名校访学（如日本上智大学、世新大学、南京大学、复旦大学以及澳门大学等高校）、社会实践和志愿服务活动；腾讯、《南方都市报》、广东电视台、Vista 看天下等媒体行业都有我们班同学的身影。

创业方面，有已经投入超 10 万资金的班级同学创建的媒体工作室，资源丰富，与国美电器、中国电信、腾讯、碧桂园等超过 42 家名企合作。

广电 171 班生生不息、用行动唱响时代的最强音，演绎广大人的精彩乐章！

我们的大学

国家奖学金获奖学生名录

广州大学2019—2020学年广东省普通高校本专科生国家奖学金获奖学生名录

学生姓名	院系	学生姓名	院系
萧倩雯	地理科学与遥感学院	林冰钰	地理科学与遥感学院
张　可	法学院（律师学院）	李志远	法学院（律师学院）
温　颖	法学院（律师学院）	钟金娴	公共管理学院
邓洁文	公共管理学院	纪　澄	环境科学与工程学院
伍嘉燕	化学化工学院	黄钰燕	化学化工学院
吕源玲	计算机科学与网络工程学院	郑柯柯	计算机科学与网络工程学院
陈湧锋	计算机科学与网络工程学院	卢科达	计算机科学与网络工程学院
叶土仙	机械与电气工程学院	黎子良	机械与电气工程学院
杨文通	机械与电气工程学院	李咏华	机械与电气工程学院
刘奕铭	机械与电气工程学院	萧嘉怡	教育学院（师范学院）
叶婉玉	教育学院（师范学院）	黄金燕	教育学院（师范学院）
吕　妍	建筑与城市规划学院	夏韵蓥	建筑与城市规划学院
谢雪梅	美术与设计学院	陈灵钰	美术与设计学院
张翔淞	美术与设计学院	周雪敏	人文学院
卓泰然	人文学院	廖愿茹	人文学院
田睿蕴	人文学院	劳雨琪	人文学院
吴　蕾	生命科学学院	詹漫君	生命科学学院
吴秋菊	数学与信息科学学院	栾茜庆	数学与信息科学学院
林泽瀚	数学与信息科学学院	曾楚仪	数学与信息科学学院
黄名瑜	土木工程学院	陈晓兵	土木工程学院
李学媚	土木工程学院	黄旻土	土木工程学院
罗容玮	土木工程学院	赵烽尧	土木工程学院
江金花	体育学院	林秋萍	外国语学院
陈永丽	外国语学院	李建龙	外国语学院
马泽霖	物理与材料科学学院	杨意林	新闻与传播学院
李锦仪	新闻与传播学院	莫　炜	新闻与传播学院
钟泳彤	音乐舞蹈学院	程俊涵	音乐舞蹈学院
余卓权	电子与通信工程学院	陈涌楠	电子与通信工程学院

（续上表）

学生姓名	院系	学生姓名	院系
植浩昌	电子与通信工程学院	梁希言	管理学院
陈伟琳	管理学院	卓英奋	管理学院
江燕伶	管理学院	胡洁宇	管理学院
柯凯丽	管理学院	张　琴	管理学院
董雨琪	管理学院	罗一凡	管理学院
罗思婷	马克思主义学院	李乙侠	经济与统计学院
何曼经	经济与统计学院	饶梦荣	经济与统计学院
王誉潼	经济与统计学院	李观艳	纺织服装学院
张舒淇	纺织服装学院	谭杰鸿	纺织服装学院
陈家旭	纺织服装学院	韩丽江	纺织服装学院
刘威利	纺织服装学院	陈秋杏	纺织服装学院
郭宇欣	市政技术学院	吴珍珍	市政技术学院
钟志敏	市政技术学院	黄欣市	市政技术学院
蒋雅静	市政技术学院	游燕婷	市政技术学院

广州大学2019—2020学年学生“德才兼备　家国情怀”先进集体和个人

一、“坚定理想信念”先进集体和个人

先进集体（22个）

经济与统计学院17级国贸2班团支部	经济与统计学院“经统、工商、公管、法学”四院联合青马工程
法学院本科生党支部	马克思主义学院青年志愿者协会
马克思主义学院思想政治教育专业2018级（1）班团支部	教育学院淬砺工作站
教育学院特教191班	人文学院汉语174班团支部
人文学院团委	外国语学院速拼英语科研小组
管理学院本科学生第五党支部（旅游学院第一党支部）	管理学院党建理论研究会
公共管理学院行政管理172班	公共管理学院2019届青马班
美术与设计学院美学172班	数学与信息科学学院本科联合党支部
生命科学学院团委	机械与电气工程学院电气学生党支部
计算机科学与网络工程学院网络193班	建筑与城市规划学院城乡规划191班
土木工程学院土木176班	广州大学绿色动力协会

先进个人（57名）

黄　彦	谭杰豪	肖乐琦	祖丽菲娅·西阿力		梁淑瑜	ZHU CHU YI JASMINE	
黎泽鹏	陈浩峰	沙　敏	张晓琳	陈永丽	姚婉琳	赖鸿丽	何军杰
叶思雅	湛敏华	杨绘祯	梁芷希	邹彤彤	景思梦	任婉婷	杨淑真
陈颖敏	林旭斌	徐依然	扶佩莹	李子文	吴　燕	黄嘉颖	李逸芳
陈玲姗	陈冬演	李林怡	李卓霖	张锦辉	钟嘉欢	孙榕蔚	梁幸炫
陈晓珊	冯雨薇	林浩澎	谭　天	索子洋	张奕琪	黄志林	王育锋
杨碧芬	蔡婉洵	古伟睿	林奕鑫	梁嘉俊	林家乐	黄文韬	曹杰龙
王锐熙	邵咏诗	王智玮					

二、“厚植爱国主义情怀”先进集体和个人

先进集体（20个）

经济与统计学院以伴教育公益团队	马克思主义学院思想政治教育专业2019级（1）班团支部
教育学院在线教学支持服务志愿者团队	体育学院居家抗疫运动小分队
人文学院志愿讲解队	外国语学院英语193班
新闻与传播学院分党校	管理学院本科学生第六党支部（旅游学院第二党支部）
公共管理学院青年志愿者协会	美术与设计学院美术193班
美术与设计学院美学191班	数学与信息科学学院数学183团支部
化学化工学院化学193班	地理科学与遥感学院学生党总支
生命科学学院生物科学182班	电子与通信工程学院学生第一支部
计算机科学与网络工程学院软件192班	建筑与城市规划学院城乡规划171班
土木工程学院青年志愿者协会	广州大学青年传媒中心

先进个人（49名）

吴清清	陈 可	吴伊航	谢惠满	张晓雯	朱颖琦	杨 灼	张爽霞
钟国秀	张曼倩	谢苑诗	周 颖	江银英	蔡晓楠	邓焯琳	张温兰
熊姜怡	吴佳璇	郭紫柔	黎嘉宜	许丽够	李 琪	陈梓博	古浩杰
吐尔逊阿依·艾买提			陆明慧	张慧怡	祝梓博	周子桢	刘伟杰
麦秀琼	龙全喜	邵紫曦	杨金霖	丘远涛	刘飞婷	李少洋	杨立麒
余卓权	王坤辉	邱富城	刘炳荣	练德辉	巫玉婷	何映仪	冯子桐
杨涵博	李 豪	李绍炜					

三、“加强品德修养”先进集体和个人

先进集体（10个）

马克思主义学院学生党支部	管理学院阳光义工团
公共管理学院社会学18级2班团支部委员会	物理与材料科学学院青年志愿者协会
化学化工学院红十字会	生命科学学院红十字会
机械与电气工程学院青年志愿者协会	计算机科学与网络工程学院义修服务队
土木工程学院学生第二党支部	广州大学青年志愿者协会

先进个人（44名）

林 婷	高惠仪	林泳彤	冯惠琳	龙建瓴	郭凤翔	练依浩	廖愿茹
许小榕	李林蓓	邓倩婷	许贵玉	陈悦愉	刘晓榕	马薇薇	胡抒文
罗佳怡	唐诗容	谢君玥	张翔淞	萧泳悦	周志华	肖 宇	柯浩彪

（续上表）

袁　淇	黄楚仪	黄容婷	刘汶霖	邝育玲	梅　欢	侯颖诗	林君怡
陈其珲	李妍宁	李晓琳	郑禧龙	王泽迅	邓茹婷	刘晨彦	钟思怡
潘润锟	刘　坚	雷世杰	吕沁雅				

四、“增长知识见识”先进集体和个人

先进集体（17 个）

广州大学法律咨询服务社	法学院法学 191 班
教育学院小学教育 171 班	新闻与传播学院新窗报社团
管理学院双百引航项目团队	管理学院物业管理学会
管理学院房地产研究学会	管理学院会展协会
公共管理学院辩论队	数学与信息科学学院数学 172 班
化学化工学院科技辅导团	广州大学天文爱好者协会
机械与电气工程学院机器 171 班	电子与通信工程学院电子协会
计算机科学与网络工程学院计科 181 班	建筑与城市规划学院建筑学 161 班
土木工程学院辩论队	

先进个人（70 名）

黄佳耿	张诗茵	蔡泽美	冯子斌	郭轩扬	温　颖	黄琪琪	罗颖瑶
余丹韵	邓舒婷	许海宇	郭晞蓝	叶定远	钟　敏	陈嘉琳	李建龙
吴晓敏	张亚欣	马若冰	王映骅	廖勉钰	刘玉芬	王玥玲	黄欣仪
林诗淇	陈美儿	卢礼宏	徐思齐	徐雯雯	黄文静	赖一帆	夏彩茹

（续上表）

李晓霞	梁倩彤	陈泺安	冯俊媚	蒋雅斯	张德霖	孙　华	林泽翰
王文君	吴贤聪	黎智轩	王韵晖	张巧宜	王　玲	彭　林	何雨桐
黄　鑫	郑虹君	夏宇昕	向宇涵	林嘉鸿	陆庚有	林生益	罗　芳
朱嘉维	李泳漾	谢楚婷	江泽铖	钟炜婷	李宇晖	赖思聪	姜艺涵
黄　旻	翟心瑜	李满枝	张　尤	李佳骏	蔡璇英		

五、“培养奋斗精神”先进集体和个人

先进集体（15个）

经济与统计学院统计192班	教育学院小学教育专业183班
青年志愿者协会人文学院分会	外国语学院英语181班
新闻与传播学院媒体171班	管理学院辩论队
数学与信息科学学院尚行社	物理与材料科学学院钙钛矿研究小组
化学化工学院碳构五方科研小组	生命科学学院学生会
机械与电气工程学院机械192班	电子与通信工程学院团委
计算机科学与网络工程学院筑梦工作站	建筑与城市规划学院风景园林181班
土木工程学院学生会	

先进个人（68名）

叶晓红	黄子玲	白心怡	李坤亮	李一诺	吴秀华	黄金燕	陈　悦
缪国玲	梁佩诗	邓婉雯	陈燕美	吴远航	陈利霞	何胡杰	李舒婷
欧阳阳	王玉洁	林　芬	徐苾玥	苏佩婷	董雨琪	何夏程	梁颖欣

（续上表）

林美怡	黄富村	古镇添	陈伟彬	程俊涵	李博贤	叶小彤	陈东安
夏铠熙	李坤洋	龙泳海	周晓霖	钟燕婷	骆燕燕	陈威龙	柯昊坤
师文君	梁嘉淇	杨境璇	谢晓仪	蔡银怡	庄　奕	刘春花	占木宏
莫　靖	卫雯奇	陈泽森	刘美瑜	吴添贤	林静旖	招乾民	陈开炳
李　丽	刘晓芹	蔡晓莹	吕姚霏	黄子宣	薛志豪	蔡盛名	包　敏
李晨薇	王庆楠	吴雪燕	蔡伟英				

六、“增强综合素质”先进集体和个人

先进集体（35 个）

经济与统计学院国际经济与贸易171 班	经济与统计学院经济 181 班
法学院学生会	法学院法学 176 班
马克思主义学院学生会	教育学院心理学拔尖人才创新班
体育学院防溺水宣讲小分队	人文学院南越支教志愿服务队
人文学院汉语 188 班	外国语学院英语 172 班
外国语学院英语 1810 班	外国语学院英语 197 班
新闻与传播学院广电 182 班	新闻与传播学院广大新传志愿讲解队
管理学院党员服务站“飞粤计划”航模科普教育团队	管理学院青年志愿者协会
管理学院 ERP 学术交流协会	公共管理学院合唱团
美术与设计学院环境设计 181 班	数学与信息科学学院信计 171 班
数学与信息科学学院数学 182 班	物理与材料科学学院光信息协会

（续上表）

化学化工学院学生会	化学化工学院化工食品系本科党支部
地理科学与遥感学院青年志愿者协会	生命科学学院科技辅导团
生命科学学院青年志愿者协会	广州大学创客协会
机械与电气工程学院机械 186 班	电子与通信工程学院学生会
计算机科学与网络工程学院软件 181 班	建筑与城市规划学院建筑学 173 班
建筑与城市规划学院城乡规划 181 班	土木工程学院土木 1810 班
环境科学与工程学院环境科学 191 班	

先进个人（95 名）

许丽淋	梁晓琪	王誉潼	张师师	潘玲玲	蔡杭静	黄德姬	李香怡
骆晓腾	温君悦	姚承悦	王倩怡	叶婉玉	韩梦茹	沈坤敏	郭晅彤
陈琪冰	欧芷茵	莫海珊	田睿蕴	郑深月	陈泽君	章瑛纯	李拓东
杨识意	姚晓菁	苏恺欣	杨意林	钟宝莹	吴铭帆	杨子曦	杨子怡
揭慧怡	黄思镁	黄惠思	庾晓晴	许顺彩	高清华	罗瑞玉	黄小燕
黄君如	郭倩桦	冯超敏	钟金娴	钟禧儿	李泓霓	田丽娟	徐炜盈
邱沛莹	马神冠	卢冰虹	江美艺	叶丽萍	马思婕	吴楚亮	梁文懿
叶炜勇	吴雨虹	谢楚淇	何梓倩	黄钰燕	萧倩雯	陈玉婷	刘俊杰
袁佩珊	陈　菲	林锐淇	林晓敏	徐若佳	吴宇深	洪泽宁	苏盈盈
王　祺	蔡文珠	陈涌楠	董　彦	胡琳淳	周　航	孙启超	程日强
张宇雯	吕　妍	陈颖欣	欧阳宇文	胡宇生	李灵奕	吴婉滢	朱文佩
文佳钰	纪　澄	刘嘉莹	黄楚婕	黄泽慧	陈乐瑶	原一林	

广州大学2019—2020学年“德才兼备　家国情怀”先进单位

经济与统计学院	教育学院（师范学院）	体育学院
人文学院	外国语学院	新闻与传播学院
公共管理学院	音乐舞蹈学院	化学化工学院

广州大学2019—2020学年“十大育人”先进单位

一、课程育人先进单位

马克思主义学院　新闻与传播学院　机械与电气工程学院

二、科研育人先进单位

计算机科学与网络工程学院　土木工程学院

三、实践育人先进单位

新闻与传播学院　经济与统计学院　美术与设计学院

四、文化育人先进单位

音乐舞蹈学院　人文学院

五、网络育人先进单位

教务处　法学院（律师学院）

六、心理育人先进单位

教育学院（师范学院）

七、管理育人先进单位

桂花岗校区管委会　　地理科学与遥感学院

八、服务育人先进单位

招生就业工作处

九、资助育人先进单位

建筑与城市规划学院　物理与材料科学学院

十、组织育人先进单位

管理学院　数学与信息科学学院

广州大学2019—2020学年学生“体育发展”先进学院和个人

广州大学2019—2020学年学生“体育发展”先进学院（10个）

体育学院	化学化工学院	地理科学与遥感学院
工商管理学院	教育学院（师范学院）	数学与信息科学学院
法学院（律师学院）	经济与统计学院	环境科学与工程学院
计算机科学与网络工程学院		

广州大学2019—2020学年学生“体育发展”十佳个人（10名）

胡凯红	叶鑫南	陈素琪	吴卓桐	胡维武	曾晓曈	黎泽鹏	吴君怡
李柱明	马神冠						

广州大学2019—2020学年学生“运动达人”（15名）

黄怡茵	黄秋洁	李益明	帅成阳	温均荣	吴青青	张国城	黄碧慧
杨家益	施晓楠	曹钰莹	胡淑纷	陈芷琦	崔浩发	洪雅佳	

广州大学2019—2020学年学生“跑步达人”（100名）

黄心怡	许　悦	罗颖瑶	蒋丽云	廖鸿娟	温春柳	钟晓潼	詹秋珊
黎洁桃	廖　芸	崔梦珂	陈乐欣	翟恩恩	陈　曦	郭欣然	詹晓莉
张珊珊	周　颖	刘平涛	李蜀娜	蔡依彤	张佳欣	黄悦馨	朱洁瀚
燕　歌	陈晓婷	李燕雨	李春颜	李晓真	梁丹丹	吴　澜	曾琦琦
韦梓尧	蔡璇英	刘　畅	邓丽薇	陈冰莹	林冰蕴	李龙贞	苏乐仪
蔡依彤	罗乐莹	尹　璇	陈　婷	彭颖茹	王嘉欣	黄萍萍	林小丽
陈利霞	梁雅婷	陈浩然	陈泽标	薛跃宇	朱冠霖	林城全	郭昊明
蔡瑞琪	伍广英	张子丰	陈炜新	罗梓峻	李　君	刘启杰	刘千禧
温志坚	梁倍精	陈世良	索子洋	王郁杰	冼恩祺	李俊聪	朱世杰
吴晓鹏	颜子辉	陈泽镇	林浩楠	钟海华	邓迪杭	庞卓锋	陈浩然
冯兆泽	武世航	蒋林江	李　灏	陈泽宇	李龙康	李海鹏	谭翔天
陈武涛	韩乃臣	屈克松	陈晓群	吴彬东	刘子辉	李杰帆	刘　淳
杨延羽	郑　涵	吴忠政	李子良				

广州大学2019—2020学年学生“艺术发展”先进学院和个人

广州大学2019—2020学年学生“艺术发展”先进学院（10个）

新闻与传播学院	音乐舞蹈学院	人文学院
教育学院（师范学院）	体育学院	美术与设计学院
物理与材料科学学院	外国语学院	环境科学与工程学院
地理科学与遥感学院		

广州大学 2019—2020 学年学生“艺术发展”十佳个人（10 名）

郑政昊	陈乐瑶	李子轩	肖凯丹	林瑞铭	朱彦安	木也沙尔·沙塔尔
谭宇洋	程俊涵	陈灵钰				

广州大学 2019—2020 学年学生“声乐达人”（10 名）

吴尚阳	郭恺欣	刘凯源	李欣原	郑　煊	王文静	陈俊雄	梁巽熙
陈欣欣	黄维维						

广州大学 2019—2020 学年学生“器乐达人”（10 名）

刘伟谱	李思羿	陈　菲	古丽达娜·热合木吐拉	王浩轩	陈乐瑶	周志乾
邬依纯	周晓莹	涂雅婧				

广州大学 2019—2020 学年学生“舞蹈达人”（10 名）

马神冠	蒙振强	陈琪冰	谢宗均	茅立橤	黄嘉俊	ZHU CHU YI JASMINE
陈嘉怡	朱晓桐	董烨欣				

广州大学 2019—2020 学年学生“语言艺术达人”（10 名）

郑佩君	余信鹏	曾晨宇	孙榕蔚	杨志远	司晨欣	袁世业	李敏杰
陈伟彬	何　晴						

广州大学 2019—2020 学年学生“书法达人”（10 名）

吴居杰	黄斯榆	周艳霞	王　梅	黄育昕	冯国蕴	关　彦	周凌一
陈华彩	许　琳						

广州大学2019—2020学年学生“摄影达人”（10名）

赵钰燕	邓欣林	吴晓超	陈锦泰	郭　炜	陈杰文	曾颖欣	凌瀚琛
肖家欣	林绮祈						

广州大学2019—2020学年学生“视野拓展”先进学院和个人

广州大学2019—2020学年学生“视野拓展”先进学院（12个）

人文学院	经济与统计学院	外国语学院	法学院（律师学院）
公共管理学院	管理学院	新闻与传播学院	教育学院（师范学院）
生命科学学院	化学化工学院	马克思主义学院	土木工程学院

广州大学2019—2020学年学生“视野拓展”十佳个人（10名）

陈涌楠	吴炫君	梁建利	陈永丽	温　颖	王誉潼	杨意林	梁希言
萧倩雯	郑柯柯						

广州大学2019—2020学年学生“经典阅读之星”（54名）

黄心怡	骆敬宛	陈佳润	江钦鸿	杨诗琪	谢环珠	李恬田	李婷妹
杨崙雅	劳晓君	张佳源	洪田涛	许增慧	钟历莹	黄正平	钟智芳
朱梓腾	黄　銮	陈伟霖	龙诗琳	贾　赟	朱建铭	林　彬	陈丽红
邓慧淳	廖楚文	卢　杰	陈秀冰	林　浩	谢雅雯	胡舒玥	林煜丹
廖　夏	周　吉	陈敏莉	曾宏晟	戴安霞	吴君鸣	洪春慧	唐　婧
曾君蕾	许洋洋	骆雪松	陈炜愉	蔡晓欣	刘正康	王　融	苏君霖
陈滨乐	谭楚晴	李旭媚	简碧莹	王晓晴	林嘉敏		

广州大学 2019—2020 学年学生“学习之星”（50 名）

张明丽	黄　婧	黄　珊	贾高磊	曾绿婷	庞嘉恩	龙文迪	唐如蕾
林镇川	梁凯璇	朱江凌	周思婷	吴晓玲	黄治铭	刘喜月	杨安琪
林芷淇	尹素贞	陈　卉	叶炜勇	周冠宏	方心怡	张雪莹	李奕锦
柳君楠	邓丽雅	黄怀刚	张帅星	郑树楷	廖　安	张红扬	胡良洪
卢良铭	关梓滢	郑振淡	谢莹欣	黄钰玲	曾婷芳	蒋贝怡	肖彰羚
王　希	张恩来	林钊睿	陈坦林	陈明杨	陈梓丹	蔡泽锴	邱　涵
叶大豪	梁国华						

广州大学 2019—2020 学年学生“晨读之星”（50 名）

严洁华	揭　滢	张文浩	劳晓君	张秀益	易秋艳	侯胜东	许　翊
李艺钰	梁晓君	卢　玲	吴小莲	林泳祥	彭静怡	魏韵玲	黄绮棋
叶嘉惠	叶维强	程乐雯	廖梓君	王宇馨	龙慧琪	钟子琦	邱　雯
张恩来	蒋俊祺	毛瑜玉	郑妙娜	韩根梅	刘子甲	毕淑婷	颜美芳
张继匀	刘　茜	钟志鹏	夏合博	赖美娜	王正宇	郑颖诗	吴泳仪
张东玉	江曼珊	刘　琦	邵冰沁	张辉璐	王　彦	廖云迪	郑晓璇
陈振锋	古丽米热·依力哈尔						

广州大学 2019—2020 学年学生“志愿之星”（50 名）

林　婷	龚　旺	马源嘉	香泽锋	林永弘	胡馨予	陈　鑫	高惠仪
董雨琪	张　琴	游晓彬	罗雅文	李彦蓉	戚梅琳	张咏棋	林薪怡
张　敏	吴晓杰	程可欣	梁淑瑜	廖俪莹	黄金燕	黄华穗	冯子桐
蔡晓莹	何丞颉	任婉婷	赵依婷	潘浩钊	方思荷	周　颖	李佳璇
麦贺煊	索子洋	邵咏诗	李溢轩	刘紫琳	张　秀	张志豪	张孝轩
陈志潮	杨海龙	严伟聪	林楚斌	裴文达	廖愿茹	饶芷晴	翟新元
李龙柱	梁希霖						

广州大学 2019—2020 学年经典百书征文比赛获奖学生（20 名）

李洁莹	余剑新	杨新宇	杜幸儿	韦姿妮	刘　洁	虞　轩	韦　童
刘小侨	邵楚婷	蔡启源	李洁莹	姚承悦	黄紫柔	陆翠烨	龚建图
刘凌云	谢嘉珊	张辉璐	张婉盈				

广州大学 2019—2020 学年学生“能力发展”先进集体和个人

广州大学 2019—2020 学年学生“能力发展”先进学院（10 个）

马克思主义学院	工商管理学院	新闻与传播学院	化学化工学院
机械与电气工程学院	土木工程学院	教育学院（师范学院）	公共管理学院
外国语学院	人文学院		

广州大学 2019—2020 学年学生“能力发展”十佳个人（10 名）

余卓权	邹彤彤	罗一凡	利恒浩	黄金燕	林楚瑶	詹漫君	罗容玮
马泽霖	吕　妍						

广州大学 2019—2020 学年学生“创新达人”（26 名）

詹　逸	叶土仙	莫晓影	李宇玲	梁峻榕	招乾民	吴　蕾	但晶晶
汤紫媛	陈晓云	许志鹏	杨彦雄	彭丽娟	王挥淇	余卓权	冯丹蕾
陈伟健	邵泽丽	邓曦瑶	王镱洵	林嘉敏	侯卓豪	利恒浩	谢欣欣
梁子豪	明家辉						

广州大学 2019—2020 学年学生“创业达人”（22 名）

吴清清	李楷键	黄　鑫	耿昊然	黄欣仪	王涓涓	卢玉翠	许丽思
叶培琪	韩梦茹	谢晓仪	陈漫琪	黄至聪	陈秋谕	龚　旺	陈温铭

（续上表）

刘晓榕	利恒浩	吴晓敏	肖俊龙	胡晨雨	彭杨焱匀		

广州大学 2019—2020 学年学生"科研达人"（10 名）

邓小梅	林冰钰	卢仪蕊	骆锦安	彭广龙	阮　阳	张润成	张新彤
马泽霖	吴　涛						

广州大学 2019—2020 学年学生"文创达人"（20 名）

吴嘉莹	潘　琦	卢雪勤	张雪郁	冯诗敏	傅小莹	张彩敏	陈冬霞
谌　雨	杨亚晨	张凯滢	叶晓天	陈川子	徐苾玥	朱文柯	邹振东
吴文婷	文蕙莲	夏思思	许俊慧				

广州大学 2019—2020 学年"文明标兵宿舍""文明宿舍"

文明标兵宿舍（共 79 间）

大学城校区（73 间）			
梅苑 2 栋 319	梅苑 2 栋 620B	梅苑 3 栋 319B	梅苑 3 栋 612
梅苑 3 栋 703	梅苑 4 栋 505	梅苑 4 栋 525	梅苑 4 栋 631A
梅苑 5 栋 411	梅苑 6 栋 505	梅苑 7 栋 212A	梅苑 8 栋 208
梅苑 8 栋 226B	梅苑 8 栋 514	梅苑 9 栋 206	梅苑 9 栋 420
梅苑 9 栋 603	梅苑 10 栋 226	梅苑 10 栋 324	梅苑 10 栋 729
竹苑 1 栋 401	竹苑 1 栋 418	竹苑 1 栋 444	竹苑 1 栋 603
竹苑 2 栋 406	竹苑 2 栋 426	竹苑 2 栋 604	竹苑 2 栋 639
竹苑 3 栋 303	竹苑 3 栋 313	竹苑 3 栋 416	竹苑 4 栋 208

（续上表）

大学城校区（73 间）			
竹苑 4 栋 617	竹苑 4 栋 715	竹苑 4 栋 717	竹苑 5 栋 243
竹苑 5 栋 517	竹苑 5 栋 525	竹苑 5 栋 538	兰苑 1 栋 216
兰苑 1 栋 415	兰苑 1 栋 421	兰苑 1 栋 501	兰苑 2 栋 210
兰苑 2 栋 237	兰苑 2 栋 709	兰苑 2 栋 719	兰苑 3 栋 312
兰苑 3 栋 317	兰苑 4 栋 419	兰苑 4 栋 540	兰苑 4 栋 542
兰苑 4 栋 642	兰苑 5 栋 212	兰苑 5 栋 339	兰苑 5 栋 442
兰苑 5 栋 733	菊苑 2 栋 106	菊苑 2 栋 414	菊苑 2 栋 603
菊苑 2 栋 725	菊苑 3 栋 109	菊苑 3 栋 237	菊苑 3 栋 411
菊苑 3 栋 702	菊苑 3 栋 740	菊苑 4 栋 223	菊苑 4 栋 428
菊苑 4 栋 538	菊苑 4 栋 608	菊苑 4 栋 703	菊苑 5 栋 410
菊苑 5 栋 428			

桂花岗校区（6 间）					
南 A904	南 B409	南 C110	南 C309	南 C503	南 C605

文明宿舍（共 188 间）

大学城校区（182 间）			
梅苑 2 栋 208	梅苑 2 栋 230	梅苑 2 栋 321B	梅苑 2 栋 412
梅苑 2 栋 506	梅苑 2 栋 621	梅苑 3 栋 209	梅苑 3 栋 319A
梅苑 3 栋 412	梅苑 3 栋 420A	梅苑 3 栋 425	梅苑 3 栋 427
梅苑 3 栋 513B	梅苑 3 栋 531B	梅苑 3 栋 601B	梅苑 4 栋 401C
梅苑 4 栋 407	梅苑 4 栋 409	梅苑 4 栋 421	梅苑 4 栋 423
梅苑 4 栋 430	梅苑 4 栋 604	梅苑 4 栋 608	梅苑 4 栋 631B
梅苑 4 栋 713A	梅苑 5 栋 503	梅苑 5 栋 609	梅苑 5 栋 612
梅苑 5 栋 712	梅苑 6 栋 314	梅苑 6 栋 405	梅苑 6 栋 410

（续上表）

大学城校区（182 间）			
梅苑 6 栋 411	梅苑 6 栋 507	梅苑 7 栋 311	梅苑 7 栋 501C
梅苑 7 栋 601C	梅苑 7 栋 607	梅苑 8 栋 207	梅苑 8 栋 210A
梅苑 8 栋 303	梅苑 8 栋 305	梅苑 8 栋 313	梅苑 8 栋 326A
梅苑 8 栋 422	梅苑 9 栋 211	梅苑 9 栋 501	梅苑 9 栋 701
梅苑 9 栋 711A	梅苑 9 栋 717X	梅苑 9 栋 723	梅苑 10 栋 225
梅苑 10 栋 322	梅苑 10 栋 420A	梅苑 10 栋 517	梅苑 10 栋 524
梅苑 10 栋 605	梅苑 10 栋 629	梅苑 10 栋 706	梅苑 10 栋 710
梅苑 10 栋 724	竹苑 1 栋 323	竹苑 1 栋 420	竹苑 1 栋 503
竹苑 1 栋 613	竹苑 1 栋 623	竹苑 1 栋 630	竹苑 1 栋 636
竹苑 1 栋 703	竹苑 2 栋 205	竹苑 2 栋 244	竹苑 2 栋 404
竹苑 2 栋 423	竹苑 2 栋 441	竹苑 2 栋 538	竹苑 2 栋 704
竹苑 2 栋 710	竹苑 3 栋 234	竹苑 3 栋 336	竹苑 3 栋 518
竹苑 3 栋 608	竹苑 3 栋 626	竹苑 3 栋 721	竹苑 3 栋 722
竹苑 4 栋 437	竹苑 4 栋 514	竹苑 4 栋 518	竹苑 4 栋 605
竹苑 4 栋 622	竹苑 4 栋 705	竹苑 4 栋 709	竹苑 4 栋 718
竹苑 4 栋 733	竹苑 5 栋 314	竹苑 5 栋 318	竹苑 5 栋 323
竹苑 5 栋 412	竹苑 5 栋 417	竹苑 5 栋 444	竹苑 5 栋 534
竹苑 5 栋 541	兰苑 1 栋 330	兰苑 1 栋 422	兰苑 1 栋 432
兰苑 1 栋 434	兰苑 1 栋 505	兰苑 1 栋 608	兰苑 1 栋 609
兰苑 1 栋 614	兰苑 2 栋 216	兰苑 2 栋 243	兰苑 2 栋 305
兰苑 2 栋 311	兰苑 2 栋 326	兰苑 2 栋 327	兰苑 2 栋 431
兰苑 2 栋 445	兰苑 2 栋 619	兰苑 2 栋 708	兰苑 2 栋 710
兰苑 2 栋 717	兰苑 2 栋 718	兰苑 3 栋 701	兰苑 4 栋 323
兰苑 4 栋 324	兰苑 4 栋 503	兰苑 4 栋 610	兰苑 4 栋 614
兰苑 4 栋 616	兰苑 4 栋 631	兰苑 5 栋 205	兰苑 5 栋 217

（续上表）

<table>
<tr><td colspan="12">大学城校区（182 间）</td></tr>
<tr><td colspan="3">兰苑 5 栋 221</td><td colspan="3">兰苑 5 栋 222</td><td colspan="3">兰苑 5 栋 236</td><td colspan="3">兰苑 5 栋 321</td></tr>
<tr><td colspan="3">兰苑 5 栋 408</td><td colspan="3">兰苑 5 栋 430</td><td colspan="3">兰苑 5 栋 445</td><td colspan="3">兰苑 5 栋 604</td></tr>
<tr><td colspan="3">兰苑 5 栋 605</td><td colspan="3">兰苑 5 栋 631</td><td colspan="3">兰苑 5 栋 726</td><td colspan="3">兰苑 5 栋 739</td></tr>
<tr><td colspan="3">菊苑 2 栋 113</td><td colspan="3">菊苑 2 栋 208</td><td colspan="3">菊苑 2 栋 209</td><td colspan="3">菊苑 2 栋 212</td></tr>
<tr><td colspan="3">菊苑 2 栋 213</td><td colspan="3">菊苑 2 栋 214</td><td colspan="3">菊苑 2 栋 216</td><td colspan="3">菊苑 2 栋 234</td></tr>
<tr><td colspan="3">菊苑 2 栋 431</td><td colspan="3">菊苑 2 栋 442</td><td colspan="3">菊苑 2 栋 534</td><td colspan="3">菊苑 2 栋 613</td></tr>
<tr><td colspan="3">菊苑 2 栋 628</td><td colspan="3">菊苑 2 栋 701</td><td colspan="3">菊苑 3 栋 104</td><td colspan="3">菊苑 3 栋 343</td></tr>
<tr><td colspan="3">菊苑 3 栋 425</td><td colspan="3">菊苑 3 栋 445</td><td colspan="3">菊苑 3 栋 540</td><td colspan="3">菊苑 3 栋 629</td></tr>
<tr><td colspan="3">菊苑 3 栋 704</td><td colspan="3">菊苑 3 栋 711</td><td colspan="3">菊苑 3 栋 715</td><td colspan="3">菊苑 3 栋 720</td></tr>
<tr><td colspan="3">菊苑 3 栋 730</td><td colspan="3">菊苑 4 栋 319</td><td colspan="3">菊苑 4 栋 423</td><td colspan="3">菊苑 4 栋 438</td></tr>
<tr><td colspan="3">菊苑 4 栋 527</td><td colspan="3">菊苑 4 栋 540</td><td colspan="3">菊苑 4 栋 611</td><td colspan="3">菊苑 4 栋 621</td></tr>
<tr><td colspan="3">菊苑 4 栋 706</td><td colspan="3">菊苑 4 栋 707</td><td colspan="3">菊苑 4 栋 710</td><td colspan="3">菊苑 5 栋 335</td></tr>
<tr><td colspan="3">菊苑 5 栋 519</td><td colspan="3">菊苑 5 栋 646</td><td colspan="3"></td><td colspan="3"></td></tr>
<tr><td colspan="12">桂花岗校区（6 间）</td></tr>
<tr><td colspan="2">南 B403</td><td colspan="2">南 B610</td><td colspan="2">南 D603</td><td colspan="2">南 E202</td><td colspan="2">14 号楼 803</td><td colspan="2">14 号楼 902</td></tr>
</table>

附录：2020日志（未收录部分）

1月

1月8日　先锋行动送祝福，墨香书写连爱心

1月10日　环境科学与工程学院领导、老师走访实验室和学生公寓探望留宿学生

1月13日　生命科学学院荣获广州大学学生工作和先进个人多项荣誉

1月14日　音舞人声乐团One Cup与你在学习强国“声声约定”

1月20日　外国语学院何舒岚和孙周怡同学荣获国家留学奖学金

1月31日　致全体建筑与城市规划学院同学的一封倡议书

2月

2月3日　“以伴”教育公益团队应疫情而生

2月6日　美术与设计学院师生倾情创作——以笔代枪战“疫”

2月10日　携手战“疫”，共克时艰，机电学子在行动！

2月15日　原工商管理学院举办线上班会

2月17日　音舞咕咕乐队，带你走进《新声请指教》

2月18日　生命科学学院学子用行动践行初心与使命

2月18日　广州大学党委书记屈哨兵视频连线慰问原工商管理学院湖北学子

2月20日　生命科学学院领导慰问滞留湖北学生

2月21日　机械与电气工程学院学子积极投身社区新冠肺炎疫情联防联控工作

2月21日　物理与电子工程学院举行关爱留宿学生和湖北学生视频会

2月21日　距离不减温情，疫情不阻学习，机电学院慰问湖北籍学生专题视频会

2月22日　教育学院（师范学院）同屏共线心连心，师生互动总关情

2 月 22 日　数学与信息科学学院关爱学生，同心战“疫”

2 月 24 日　法学院 171 班沈聪参加李大庙社区管辖区域内的疫情防控志愿服务活动

2 月 24 日　建筑与城市规划学院举办“雅言传承文明　经典浸润人生”宅家书画征集活动

2 月 26 日　建筑与城市规划学院开展“疫”不容辞线上团日活动

2 月 26 日　物理与电子工程学院各班举行“战疫情，我们积极行动”主题班会

2 月 27 日　环境科学与工程学院湖北学子，我们暖春在广大等你

2 月 28 日　音乐舞蹈学院本科生党支部大会，战“疫”中守初心、担使命

3 月

3 月 3—4 日　教育学院（师范学院）召开疫情下的“云班会”

3 月 6 日　机械与电气工程学院“科学应对疫情，高效在线学习”线上主题班会顺利开展

3 月 7 日　环境科学与工程学院积极开展“防疫我先行，切莫忘学习”开学第一课

3 月 7 日　美术与设计学院美术 191 班三十位同学的素描作业登上中国美术报的线上展

3 月 10 日　法学院 187 班同学参加院长“思政第一课”

3 月 13 日　马克思主义学院“教师线上教，学生居家学”读书分享会

3 月 14 日　物理与电子工程学院书记思政课：中外抗击新型冠状病毒肺炎疫情的思考

3 月 14 日　物理与电子工程学院思政课：坚定“四个自信”，打赢疫情防控战争

3 月 15 日　音乐舞蹈学院线上抗疫作品征集，为祖国加油打气

3 月 17 日　环境科学与工程学院开展新学期书记院长“思政第一课”

3 月 18 日　物理与电子工程学院举行 2020 届毕业生就业工作会议与主题班会

3 月 20 日　机械与电气工程学院首届线上专场招聘会圆满结束

3 月 21 日　生命科学学院携手“战疫”，声援武汉——学生朱彦安主创歌曲《融》为武汉加油

3 月 24 日　教育学院（师范学院）书记、院长“思政第一课”开讲

3 月 26 日　原工商管理学院举办境外师生线上交流会

3 月 24 日　教育学院（师范学院）2020 年春季党委书记、院长“思政第一课”顺利开讲

4 月

4 月 5 日　经济与统计学院举办“坚决抗疫情，全力奔小康”千千工程

4 月 7 日　传承红色精神，续写先烈光荣——化学化工学院师生召开专题组织生活会

4 月 9 日　第十七届校园文体艺术节之“大学生的那点俏皮事儿”系列作品征集比赛圆满结束

4 月 10 日　环境科学与工程学院召开 2020 届本科毕业生就业动员大会——“疫情下，我们并肩，勠力前行”

4 月 13 日　建筑与城市规划学院开展十佳歌手比赛

4 月 15 日　防疫知识在我心，知识竞答我能行

4 月 15 日　国家安全教育日，环境学子在行动

4 月 17 日　地理科学与遥感学院开展线上招聘会

4 月 18 日　建筑与城市规划学院举办线上升旗党日活动

4 月 18 日　舌尖上的美设——寻找“小厨神”活动

4 月 21 日　“2020 全球抗疫战争的三大定位”专题党课

4 月 21 日　物理与电子工程学院分党校举行第十五期入党积极分子培训班开班仪式

4 月 21 日　物理与电子工程学院开展“同上一堂国家安全教育课”主题班会

4 月 26 日　原工商管理学院开展“疫情下大学生心理调适与复学准备”主题讲座

4 月 27 日—6 月 15 日　“冬去春来兮，剧终疫消散”——广州大学第十七届“云端”校园文体艺术节之心理剧创作大赛

4 月 28 日　音乐舞蹈学院意大利留学经验交流会

4 月 28 日　“学党章党规，做合格党员”专题党课

4 月 28 日　生命科学学院分党校举行第十六期党课培训班开班仪式

5 月

5 月 1 日　法学院 171 班郭轩扬在劳动节参加文明交通志愿活动

5 月 1—19 日　教育学院（师范学院）第十四届教学技能大赛活动

5 月 4 日　地理科学与遥感学院学子参演《奋斗的青春最美丽——2020 年五四青年节特别节目》

5 月 9 日　生命科学学院召开“战‘疫’有我在行动”线上主题宣讲会

5 月 9 日　机械研究生党支部开展“学先进学劳模，做新时代奋斗者”的组织生活会

5 月 12 日　听，跨越五湖四海的声音

5 月 14 日　建筑与城市规划学院举办线上红会会员培训大会

5 月 15 日　小教 191 班举行“品读时代经典，感悟文化力量”主题团日活动

5 月 16 日　音舞学子线上学习先进劳模，做新时代奋斗者

5 月 17 日　计算机科学与网络工程学院举办考研、求职经验分享会

5 月 19 日　学五四寄语精神，展青春担当

5 月 19 日　应心 193 班举行“我们在疫情期间成长着”主题团日活动

5 月 21 日　环境科学与工程学院三位老师当选“最受学生欢迎老师”

5 月 25 日　机械与电气工程学院“疫”起谋略，精准帮扶 2020 届全体毕业生就业工作大会圆满完成

5 月 26 日　“端正入党动机，争取早日入党”专题党课培训

5 月 28 日　生命科学学院召开院长、党委书记与未就业毕业生线上座谈会

6 月

6 月 1 日　物理与电子工程学院开展返校学生疫情防控第一课

6 月 6 日　行政管理协会联合举办第一届谷桑模拟联合国大会

6 月 9 日　物理与电子工程学院举行线上学生教育主题班会

6 月 12 日　建筑与城市规划学院举办 2020 届贷款毕业生诚信教育暨毕业确认会议

6 月 12 日　机械与电气工程学院 2020 届毕业生助学贷款工作会议顺利召开

6 月 14 日　公共管理学院线上毕业晚会

6 月 17 日　教育学院（师范学院）再次召开毕业生就业动员大会

6 月 18 日　“飞虹 · 起点”美术与设计学院毕业作品展览正式开幕

6 月 18 日　机械与电气工程学院 2016 级 71 名学生成功考取硕士研究生
6 月 19 日　毕业季——再归来时亦是音舞好青年

6 月 19 日　环境科学与工程学院本科生党支部毕业生转正会议暨毕业生党员教育大会顺利召开
6 月 20 日　法学院《民法典》线上知识竞赛顺利举行
6 月 21 日　命运的红线，把你我紧紧相连
6 月 21 日　天文台开启日环食直播观测
6 月 23 日　生命科学学院考研升学率再创新高
6 月 23 日　经济与统计学院举办“领航讲堂”系列讲座
6 月 26 日　原工商管理学院线上毕业晚会顺利举行
6 月 26 日　“最后一课，六住此刻”——人文学院 2020 届本科毕业课顺利召开
6 月 30 日　建筑与城市规划学院举办 2020 年毕业晚会

7 月

7 月 1 日　经济与统计学院组织开展“迎七一”系列活动
7 月 2 日　原工商管理学院开展考研系列专访活动
7 月 2 日　音乐舞蹈学院 2020 届毕业生党员“我心向党”教育大会顺利召开
7 月 3 日　美术与设计学院 2020 届毕业生欢送会顺利召开
7 月 3 日　生命科学学院开展文明离校活动
7 月 4 日　公共管理学院 ander 合唱团 2020 年屡创佳绩
7 月 6 日　体育学院暑期社会实践，防溺水安全教育
7 月 9 日　物理与材料科学学院举行广东省物理实验设计大赛动员会
7 月 12 日　建筑与城市规划学院开展各年级家长“云端”视频会议
7 月 14 日　环境科学与工程学院“毕业方向指导”主题班会顺利召开
7 月 15 日　音乐舞蹈学院携手著名音乐专家开展“云端课堂”音乐学术活动
7 月 25 日　生命科学学院项目喜获第十二届“挑战杯”广东大学生创业大赛铜奖

8 月

8 月 7 日　网络空间先进技术研究院方滨兴班“fcbot”战队在第三赛季 BCTF 全球自动化攻防比赛中再获殊荣

8 月 9 日　电子与通信工程学院召开春季学期线下教学返校第一课

8 月 10 日　环境科学与工程学院常态化疫情防控下创新实验课

8 月 16 日　法律咨询服务社寻访优秀校友

8 月 18 日　法学院暑期社会实践顺利进行

8 月 20 日　土木工程学院组建“寻访校友 · 祝福母校”社会实践队

8 月 24 日　音乐舞蹈学院开展校友寻访活动

8 月 27 日　公共管理学院行政管理创新实验班召开考研指导交流会

8 月 31 日　“重返校园，齐聚第一课”——数学与信息科学学院返校第一课顺利召开

9 月

9 月 2 日　化学化工学院举行学生返校后第一堂线下党课

9 月 3 日　铁骨铮铮好男儿，送兵仪式暖征程

9 月 4 日　机械与电气工程学院 7 名同学光荣入伍

9 月 4 日　化学化工学院诞生广大第一名入伍毕业研究生

9 月 4 日　热血男儿从军去，保家卫国好儿郎

9 月 4 日　军旅筑梦，报效祖国

9 月 5 日　管理学院召开“从心出发，让朋辈的关怀关心你我他”主题心理培训会

9 月 5 日　建筑与城市规划学院开展 2020 年乡村振兴科技创新行动

9 月 7 日　开学第一课——学生骨干会议

9 月 8 日　教育学院（师范学院）“返校第一课”全面开启

9 月 13 日　计算机科学与网络工程学院研究生新生报到——跨越两个校区的坚守，只为等你而来

9 月 15 日　管理学院首次举办线上新生家长会

9 月 15 日　管理学院迎新晚会在桂花岗顺利举行

9 月 15 日　音乐舞蹈学院迎接新一届小萌新

9 月 15 日　新闻与传播学院学子新生报到有感——熬过风雨获彩虹

9 月 16 日　机械与电气工程学院 2020 年迎新工作圆满完成

9月17日　计算机科学与网络工程学院2020级新生开学典礼顺利举行
9月19日　中秋茶话，心意满满
9月19日　踏歌起舞展风采，音舞学子放光芒
9月20日　电子与通信工程学院举行新生师生见面会
9月20日　教育学院（师范学院）2020级本科新生开学典礼顺利举行
9月21日　未来可期，新生第一“训”
9月22日　公共管理学院秋季学期“思政第一课”
9月22日　建筑与城市规划学院开展2020级新生干部培训
9月23日　教育学院（师范学院）开展预科班同学抗疫精神“思政第一课”
9月24日　方班专题研讨会暨招聘宣讲会成功举办
9月24日　物理与材料科学学院院长为本科生讲授思想政治
9月25日　电子与通信工程学院院长“思政第一课”开讲
9月25日　物理与材料科学学院党委书记为本科生讲授“思政第一课”理论课
9月25日　我们与美好相约
9月27日　人文学院“发扬五四精神，不负伟大时代”“思政第一课”顺利开展
9月27日　人文学院“思政第一课”顺利开讲
9月29日　20级新生防诈骗知识教育讲座
9月29日　地理科学与遥感学院师生举办“迎中秋，庆国庆”茶话会
9月29日　计算机科学与网络工程学院筑梦工作站挂牌仪式
9月29日　机械与电气工程学院举办2020级外省籍新生迎中秋、庆国庆茶话会
9月30日　教育学院（师范学院）学生学习关于“中华文化与核心价值观”的“思政第一课”

10月

10月1日　经济与统计学院本科生第二党支部组织观看《夺冠》
10月2日　乐律传爱，马院暖秋
10月2日　情浓中秋，喜迎国庆
10月4日　机械与电气工程学院在第九届全国大学生机械创新设计大赛广东赛区荣获一等奖
10月5日　音舞国标班国际标准舞锦标赛喜获3项冠军

10 月 6 日　电子与通信工程学院召开学生第一党支部成立大会
10 月 6 日　机械与电气工程学院组织召开考研动员大会
10 月 6 日　外语、环境、土木三院联合举办党员发展对象培训班
10 月 6 日　教育学院（师范学院）各班举办政治学习主题班会
10 月 7 日　生命科学学院青年志愿者开展“保护野生动物，共建生态文明”公益宣传活动
10 月 7 日　计算机科学与网络工程学院刘强书记讲授“思政第一课”
10 月 8 日　生命科学学院“第一班主任”指导班级开展 2020—2021 学年第一次政治学习
10 月 9 日　建筑与城市规划学院开展新旧生交流会
10 月 10 日　菊苑 2 栋“五室一站”举行垃圾分类文明监督员培训大会
10 月 10 日　物理与材料科学学院举行垃圾分类文明监督员培训大会
10 月 10 日　化学化工学院承办 2020 年广州大学实验室安全培训暨危险化学品泄漏处置应急演练
10 月 11 日　机械与电气工程学院团委组织开展学院微团课视频课件评比活动
10 月 13 日　师生沙龙，互勉共进
10 月 13 日　“五室一站”垃圾分类系列活动
10 月 13 日　经济与统计学院开展就业指导专题培训会
10 月 13 日　公共管理学院线上线下考研分享会
10 月 13 日　教育学院（师范学院）分党校第十五期入党积极分子培训班开班仪式顺利举行
10 月 15 日　电子与通信工程学院 5 名同学成功保研
10 月 15 日　计算机学院本科学生支部召开党员大会
10 月 18 日　敢于突破，不惧失败——对陈宇校友的采访
10 月 18 日　不负过去，不惧将来——对罗金生校友的采访
10 月 18 日　以篮球之名，书热血华章
10 月 19 日　计算机科学与网络工程学院举办收书、送书活动
10 月 19 日　一点分类，聚成绿洲
10 月 20 日　《习近平谈治国理政》（第三卷）专题学习会
10 月 20 日　电子与通信工程学院召开第一次团员、学生代表大会
10 月 20 日　机械与电气工程学院举办班主任心理知识培训会议

10 月 20 日　教育学院（师范学院）本科生党支部开展“学生党员担当新作为”组织生活会
10 月 20 日　建筑与城市规划学院“五室一站”开展“读原著、学经典、作表率”系列读书活动
10 月 20 日　化学化工学院召开《实验室危险化学品和压力容器安全》专题讲座
10 月 23 日　广州大学人文学院汉语 192 班团课活动顺利召开
10 月 23 日　建筑与城市规划学院召开建筑 202 班第一班主任主题班会
10 月 24 日　计算机科学与网络工程学院“五室一站”进行义修活动
10 月 24 日　物理与材料科学学院举行校友联络员座谈会
10 月 25 日　管理学院顺利举行新生班级跳大绳比赛
10 月 25 日　宿舍，我们的家
10 月 25 日　人文学院 2020 年“我要上迎新”节目征集活动决赛顺利举行
10 月 25 日　建筑与城市规划学院开展 20 级新生“思政第一课”
10 月 25 日　建筑与城市规划学院开展团学干部培训大会
10 月 26 日　2020 年国内首届 Coremail 邮件安全竞赛广州大学网络空间先进技术研究院喜获殊荣
10 月 27 日　垃圾分类知识竞赛
10 月 28 日　计算机科学与网络工程学院“五室一站”开展楼层开放日
10 月 28 日　生命科学学院开展“读原著、学经典、作表率”系列读书活动
10 月 30 日　建筑与城市规划学院在 2019 年第五届“Garden”花园杯植物景观设计竞赛和 2020 第十届艾景奖国际园林景观规划设计大赛中喜获佳绩
10 月 31 日　白马杯——新生辩论赛
10 月 31 日　从远方赶来，奔赴与你们的相遇

11 月

11 月 1 日　青春无畏，逐梦扬威
11 月 1 日　建筑与城市规划学院举办三院联合运动会
11 月 1 日　食堂指引志愿活动
11 月 1 日　栉风沐雨，永不独行——教育学院（师范学院）心理趣味运动会
11 月 2 日　筑梦工作站广大附小科普之旅
11 月 3 日　电子与通信工程学院“电信黄埔大讲堂”开讲

11 月 3 日　法学 186 班主题班会
11 月 3 日　管理学院第一次团员、学生代表大会顺利召开
11 月 3 日　物理与材料科学学院第一次团员、学生代表大会成功举行
11 月 4 日　机械与电气工程学院机器人专业举办 2020 级新生师生交流会
11 月 4 日　“五室一站”开展“经典百书阅读分享”活动
11 月 6 日　2020 计算机科学与网络工程学院“研途有你”讲坛成功举行
11 月 7 日　广州大学人文学院历史 191 班千千工程及班级团建活动顺利举行
11 月 7 日　广州大学人文学院“青葵杯”辩论赛决赛顺利举行
11 月 7 日　广州市国家档案馆参观之旅
11 月 7 日　建筑与城市规划学院举办学生干部团建活动
11 月 8 日　机械与电气工程学院团委举办考研交流会
11 月 8 日　星聚广大，织梦今朝——2020 年三院联合迎新晚会顺利举行
11 月 8 日　计算机科学与网络工程学院青协大干培
11 月 8 日　美术与设计学院七彩艺社举行全校剪纸公开课
11 月 9 日　第 45 期网络空间先进技术研讨会顺利开展
11 月 10 日　管理学院、计算机科学与网络工程学院、体育学院三院联合青马工程导师、成员首次集合
11 月 10 日　坚定理想，延续辉煌　人文学院分党校第一期发展对象培训讲座顺利开展
11 月 10 日　理性思辨，激扬青春
11 月 10 日　赏经典文摘，颂悠扬诗韵
11 月 11 日　美术与设计学院 3 名硕士研究生获评“全国艺术硕士研究生优秀毕业成果”奖
11 月 13 日　机械与电气工程学院联合化学与化工学院开展新生辩论赛
11 月 14 日　土木工程学院第十五届田径运动会圆满结束
11 月 15 日　美术与设计学院心理漫画比赛——心存真善美，无处不风光
11 月 15 日　广州大学人文学院、法学院、公共管理学院三院联合迎新晚会顺利举行
11 月 15 日　计算机科学与网络工程学院新生辩论赛冠军争夺战
11 月 15 日　热血青春，不畏风雨
11 月 15 日　土木工程学院开展大学生涯规划大赛
11 月 16 日　环境工程专业接受全国工程教育专业认证

11 月 17 日　广州大学音乐舞蹈学院召开第七次学生代表大会
11 月 17 日　2020 年入党发展对象培训班党课：关于新形势下党内政治生活的若干准则
11 月 17 日　机械与电气工程学院组织老师学生开展朗诵比赛
11 月 19 日　973 项目首席科学家巩志忠教授主讲生命科学学院第 171 期“高端学术论坛”
11 月 19 日　美术与设计学院研究生吴限、廖煜容获国际青年设计大赛金奖
11 月 20 日　物理与材料科学学院举行 2020 年新团员入团仪式
11 月 21 日　广州大学人文学院、地理科学与遥感学院、管理学院 2020 年三院联合运动会顺利举行
11 月 21 日　机械与电气工程学院校友座谈会圆满举行
11 月 22 日　“奥妙数学，人文地理”知识竞赛
11 月 24 日　建筑与城市规划学院第五次团员、第六次学生代表大会顺利召开
11 月 24 日　凝心聚力，“绳”采飞扬
11 月 24 日　经济与统计学院举办第四十六期财富论坛
11 月 24 日　省二医关爱中小学生视力健康志愿活动
11 月 25 日　美术与设计学院研究生吴限举行“当非遗遇见时尚”粤绣专题讲座
11 月 26 日　美术与设计学院卢冰虹同学在广州大学合并组建二十周年徽志海报设计大赛获得一等奖
11 月 26 日　2020 年马克思主义学院大学生涯规划大赛
11 月 27 日　勤而勉则励，学而思则智
11 月 28 日　教育学院（师范学院）在 2019—2020 学年礼上荣获多项表彰
11 月 28 日　广州大学人文学院历史 191 班“冉冉书香皆是情，师生共赏满庭芳”领导、教授联系班级活动暨经典百书导读活动顺利举行
11 月 28 日　生命科学学院开展“关爱学生，传递爱心”校友说系列活动第一讲
11 月 28 日　物理与材料科学学院顺利承办第二十一届广东大学生物理实验设计大赛
11 月 29 日　“砥砺前行，不负韶华”环境团学户外干培
11 月 29 日　管理学院开启合并组建二十周年系列活动之校友访谈
11 月 29 日　全国大学生廉洁教育月活动系列讲座

11 月 30 日　2020 届毕业生柴文萱作品《乐 · 歌》参与谭盾《敦煌 · 慈悲颂》2020 巡演启动发布会

12 月

12 月 1 日　人文学院汉语 194 班千千工程与领导、教授联系班级活动暨经典百书导读活动顺利举行

12 月 1 日　音舞音舞，能歌善舞

12 月 1 日　计算机科学与网络工程学院举办 2020 年大学生涯规划大赛

12 月 1 日　机械与电气工程学院组织老师学生开展申报书讲座

12 月 2 日　电子与通信工程学院、环境科学与工程学院和建筑与城市规划学院联合举办雅室大赛

12 月 2 日　“五室一站”垃圾分类系列活动之督导篇

12 月 2 日　计算机科学与网络工程学院“天眼情报”项目获“挑战杯”创业大赛省赛金奖

12 月 3 日　第四届“科创杯”创新创造大赛圆满举行

12 月 5 日　生命科学学院第十七届田径运动会斩获多个奖项

12 月 5 日　管理学院与建筑学院两院联合参加第十二届全国大学生房地产策划大赛斩获多项殊荣

12 月 6 日　法学院本科生党支部参观广州起义烈士陵园

12 月 6 日　化学化工学院举行合并组建二十周年校友座谈会

12 月 6 日　马克思主义学院组织集中学习党的十九届五中全会精神

12 月 6 日　机械与电气工程学院举办第二届象棋比赛

12 月 7 日　法学院 2020 级开展交通安全学习

12 月 7 日　美术与设计学院冯志恒同学获广州大学第十七届田径运动会引体向上冠军

12 月 7 日　建筑与城市规划学院园林 172 班获优良学风标兵班

12 月 8 日　梅苑 2 栋“五室一站”举行书法大赛

12 月 8 日　音乐舞蹈学院在广州大学第三届中华经典诵读比赛中斩获第一名

12 月 8 日　管理学院“毕业的抉择”考研主题班会圆满结束

12 月 9 日　计科 186 班和软件 194 班联合开展微团课

12 月 9 日　广州大学第三届中华经典诵读会

12 月 10 日　建筑与城市规划学院“五室一站”开展“经典百书里的美好生活”演讲比赛

12 月 11 日　广州大学人文学院“坚定理想信念，践行使命担当”主题报告会顺利召开

12 月 11 日　地理科学与遥感学院“都市农夫”项目荣获第十二届“挑战杯”广东大学生创业大赛铜奖

12 月 11 日　机械与电气工程学院十佳歌手大赛圆满成功

12 月 12 日　美术与设计学院青协为海珠独居老者送爱心餐

12 月 13 日　教育学院开展入党积极分子经典百书读书分享会

12 月 13 日　人文学院优秀学子在“南粤师魂杯”决赛中勇冠全省、成绩骄人

12 月 14 日　外国语学院开展英语语音语调朗诵大赛

12 月 14 日　机械与电气工程学院组织党员观看电影《百团大战》

12 月 15 日　数学与信息科学学院开展“品读经典·开阔视野·浸润人生”读书分享会

12 月 15 日　外国语学院举办创新创业竞赛经验分享会

12 月 15 日　“才学并弈，不负韶华”——化学化工学院举办第十五届化学游园节

12 月 15 日　建筑与城市规划学院举办筑纸大赛

12 月 15 日　物理与材料科学学院师范学生共同学习时代楷模张桂梅先进事迹

12 月 15 日　管理学院举办“我是演讲者”风采大赛

12 月 16 日　人文先锋——广大人文先锋号

12 月 16 日　数学与信息科学学院开展“点染色彩，细觅影调”PS 能力提升培训

12 月 17 日　建筑与城市规划学院“五室一站”开启“学习强国微课堂”第二季

12 月 18 日　生命科学学院第三届“品读经典，品味大学”征文比赛圆满落幕

12 月 18 日　马克思主义学院开展“官洲一对一课业辅导”活动

12 月 18 日　建筑与城市规划学院开展 2020 年“筑匠心　迎新生”师生迎新晚会

12 月 19 日　第四届广东省大学生物流大赛暨“中国外运杯”第七届全国大学生物流设计大赛广州大学校内选拔赛决赛圆满落幕

12 月 20 日　积极响应易班中心活动　做全面发展法学人

12 月 20 日　人文学院举办 2020 级经典百书系列活动汇报演出

12 月 22 日　人文学院举行 2020 年度学生表彰大会

12 月 22 日　地理科学与遥感学院举办“放飞梦想、助学成长”放飞风筝活动

12 月 22 日　未来的你，一定会更好

12 月 24 日　携手共进，团大有我

12 月 25 日　广州大学学子在第六届中国大学生程序设计竞赛中摘得金牌

12 月 28 日　建筑与城市规划学院师生设计作品获日本新建筑住宅设计竞赛一等奖

12 月 29 日　建筑与城市规划学院召开 2020 级新生干部总结大会暨考风考纪专项会议

12 月 29 日　电子与通信工程学院举行学生党员经典百书捐赠仪式

12 月 29 日　生命科学学院举办心理危机干预技巧与应用培训讲座

12 月 29 日　外国语学院开展法语戏剧大赛

12 月 29 日　物理与材料科学学院举行学生科创项目动员会

12 月 31 日　经济与统计学院探索“三库”制度助推学科竞赛上新台阶

12 月 31 日　美设学院吴毓纯、徐泓鑫、夏铠熙三名学生在学校图书馆举办“朝花”个人作品展